就業、利息和貨幣通論

The General Theory of Employment,
Interest and Money

凱 恩 斯
John Maynard Keynes

John Maynard Keynes

THE GENERAL THEORY OF EMPLOYMENT

INTEREST AND MONEY

Macmillian and Co., Limited

London, 1936

本書根據英國麥克米倫圖書公司1936年版譯出

出版説明

希羅多德 (Herodoti)、黑格爾 (G.W.F.Hegel)、盧梭 (Jean-Jacques Rousseau)、亞當·斯密 (Adam Smith)、凱恩斯 (John Maynard Keynes) ……，《經典隨身讀》中擇選的這些西方學者，或為一個時代的代表，或為一種思潮的先驅，他們的這些著作所蘊藏的思想財富和學術價值，久為學術界所熟知，是人類思想的精華，是我們前行的基礎。

閱讀原著，是親炙大師的最好方式，是認識理解這些學術經典的最直接的方法。但是，這些著作大多為鴻篇巨學，體系博大，因專業和研究的深入程度而帶有一定的抽象性，一般讀者不易於領悟。賦予這些經典著作以新的閱讀形式，成為現代出版人的現實責任。

《經典隨身讀》基於此種理念，邀請專家學者精選原著篇章，以靈活方式選錄近代西方學術界的殿堂級名著，並撰寫導讀，讓讀者可以從最短的篇幅，從最易切入的角度，掌握原著的精髓。這是一個新的嘗試，希望這套書能成為讀者認識著名學

者、學說的入門書，同時也可以此作為自修讀本，
豐富知識，充實自我。

商務印書館 編輯出版部謹識

選編者前言

《就業、利息和貨幣通論》(以下簡稱《通論》)是英國經濟學家約翰·梅納德·凱恩斯(1883-1946年)的最主要的著作。由於本書的出版,不但凱恩斯被公認為是20世紀最重要的西方經濟學家,而且,本書還取得了能和亞當·斯密的《國富論》等價齊觀的地位。有的西方人士甚至把本書譽之為能和馬克思的《資本論》、達爾文的《物種起源》等相提並論的著作。

(一)《通論》的重要性

本書之所以能得到崇高的評價,其原因在於它的重要影響。具體說來,其重要性可以被歸納為下列四點:

第一,對資本主義起着拯救的作用。本書出版於1936年;那時,資本主義仍然未能擺脫1929年大危機後的嚴重蕭條狀態,處於滅頂之災的危險之中。對此,當時的西方經濟學界,在西方傳統的經濟思想的束縛之下,既無法解釋危機的原因,也提不出有效的對策。本書突破了傳統的束縛，提出了新的見解，並據此而得到了解決問題的政策建議。這種見解和建議有助於危機的緩和並使資本主義世界二戰後的約為二十年的時期中處於相對繁榮的狀態。

第二，促成布雷頓森林國際經濟體制 (包括世界銀行和國際貨幣基金) 的建立，對穩定戰後西方國際經濟秩序作出貢獻。在第二次世界大戰以前的十餘年中，由於大蕭條的影響，各主要資本主義國家紛紛進行貨幣貶值、樹立關稅壁壘，採取以鄰為壑的對外經濟政策。這使國際貿易萎縮，各國俱受其損。《通論》中的思想有助於建立上述國際經濟體制，從而消除這種不良事態。

第三，奠定西方宏觀經濟學的基礎。本書出版以前，西方不存在宏觀經濟學。本書的出現使西方經濟學由份量大致相同的兩個部分組成，即宏觀和微觀兩個部分，而《通論》給宏觀部分奠定了基礎。

第四，為目前西方經濟學的許多研究主題提供學術源泉。例如，貨幣主義和理性預期學派的部分思想來源於本書；其他如信息經濟學、非均衡理論等可以說都與本書有關。

(二)《通論》的難懂的特點

《通論》被公認為是一本非常難懂的著作。難懂的原因之於下列四點：

第一，凱恩斯明確指出，《通論》的讀者對象是20世紀30年代時期的西方職業經濟學者。對不具備當時經濟學者的知識的讀者，顯然會存在閱讀的困難。

第二，凱恩斯在《通論》中一方面抨擊了傳統學說，另一方面又提出了他自己的理論體系，但在論述這一體系的過程中又未能說得很清楚。這樣，對傳統的抨擊和對自己理論的敘述有時交織在一起，使得讀者難於分辨正面和反面的觀點。

第三，《通論》中存在着思想不清之處，凱恩斯有時對他在該書中所論述的問題並沒有思考清楚就把他的想法寫了出來。有時，他的觀點似乎是自相矛盾的。

第四，凱恩斯的"隨意寫來"的筆法。在《通論》出版前，凱恩斯已經成名。他知道，不論是否易於理解，本書都會廣泛流傳。因此，本書的章節安排和論述比較鬆散，有的地方讀起來像是一本"隨想錄"。例如，本書的一個重要的主張是通過貨幣政策和財政政策來熨平資本主義的經濟波動。然而在本書中，根本不存在專門論述政策的一章，有關政策的論述以支離破碎的形式散見於不同章節之中。

上述四個難懂之點是《通論》所固有的，從而這本節選本很難加以消除。有鑑於此，為了讀者閱讀的方便，節選者使用了三個辦法加以補救。

首先，撰寫了這個較長的節選者導讀，特別是其中的第三部分，用以說明凱恩斯的理論體系和其主旨，使讀者在閱讀前就具備理解《通論》的線索。

其次，在節選本的每章之首簡要說明該章的主要內容和閱讀時應加注意之處。

最後，在有必要的地方，增添選編者註，簡釋有關的疑難問題。

(三)《通論》的理論體系和主旨

在凱恩斯看來，一社會的總產量、國民收入和就業量在短期中是大致等價的概念。所謂短期，係指社會的技術水平和生產資料的數量大致保持不變的期間。由於產量具有不同的物質單位 (如一架機器、兩斤糧食等等)，所以它只能用價值的多少表示出來，而產量的貨幣價值即是國民收入；國民收入除以社會的平均工資 (即凱恩斯的工資單位) 便成為就業量。因此，在短期中，再假設工資和價格大體不變，上述三個概念的數值會保持相同比例的變化，也就是說，三個概念中的任何一個的變化能夠表示其他兩個概念的相應的變化。三者等價的意思即在於此。在本書中，除了特殊情況外，三者大致被視為相類似的概念而被混同使用。為了避免不必要的糾紛，我們在這裏僅使用國民收入的概念。

凱恩斯寫作本書的最終理由是想提高國民收入，使它達到充分就業狀態，以便解決資本主義的失業問題和生產過剩的經濟危機。因此，他想首先在理論上說明國民收入是由哪些變量決定的，而在找出這些變量之後，則企圖用國家的政策來控制這些變量，最終使充分就業得以實現。

凱恩斯認為，國民收入係由消費和投資兩個部分組成，因此，前者數值的高低取決於後者這兩個組成部分的數值的高低。然而，甚麼因素又決定消費和投資這兩個組成部分的數值的高低？按照凱恩斯的意見，消費的數值取決於消費傾向；投資的數量則取決於資本邊際效率和利息率。在這裏，資本邊際效率又取決於預期收益和資本資產的供給價格（或重置成本），而利息率則由貨幣數量和流動性偏好所決定。上述凱恩斯的理論框架可以用下圖表示出來：

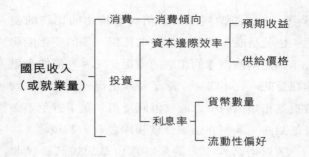

　　上圖的最左方的變量(國民收入或就業量)是理論框架中的因變量,最右方的變量是自變量。通過上圖所表示的理論框架,凱恩斯說明自變量如何決定因變量的數值,即對國民收入(或就業量)的決定作出解釋。先從圖的最上方的消費開始。消費傾向代表社會的消費量和國民收入之間的比例。例如,假使一社會的國民收入為100億,如果其中的60%被用之於消費,該社會的消費傾向為0.60。在一般情況下,由於社會的消費量不會超過它的國民收入,所以消費傾向的數值低於1.0。換言之,社會總是會把國民收入的一部分儲蓄起來。例如,假設消費傾向等於0.60,而充分就業的國民收入又為100億,那末,被儲蓄起來的部分便有40億(100-100×0.6=40)。這個被儲蓄起來的部分必須由對投資品的購買加以彌補,否則,充分就業的社會所生產出來的全部產品(其價值=100億)的一部分便會賣不掉,

從而造成生產過剩的危機以及隨之而來的失業現象。

然而，按照凱恩斯的理論，資本主義並不能保證投資的數量足以彌補在充分就業條件下被儲蓄掉的部分（即從國民收入中減去消費後所剩下的部分，在我們的例子中為40億）；因為，根據他的上述理論體系，投資量取決於資本邊際效率和利息率的相對的數值，而沒有理由認為，二者的相對數值正好使投資量與儲蓄量相等。因此，資本主義制度會出現危機和失業的現象。總之，凱恩斯的理論企圖論證的是：資本主義制度不能保證決定儲蓄量的消費傾向以及決定投資量的資本邊際效率和利息率正好處於能維持充分就業時的數值，而只有在偶然的情況下，才能如此。換言之，危機和失業會在資本主義社會中經常出現，而充分就業僅僅偶然存在。

雖然本書的最終目的在於提出解決資本主義的危機和失業問題的對策或政策，然而，凱恩斯在本書中卻沒有對此加以系統的論述；有關這一方面的內容以支離破碎的形式散見於全書之中。總的說來，凱恩斯的意思是：解決危機和失業問題的對策或政策不外乎使消費傾向、資本邊際效率和利息率的數值處於能維持充分就業的狀態，而要想做到這一點，必須對上圖最右方的五個變量加以控制。在五個變量中，消費傾向、預期收益、供給價格和流動性偏好這四個變量係由人們的自發的市場行為所決定，從而，國家的政策很難加以控制。只有五個變量中的一個，即貨幣數量，能由國家的貨幣政策所掌握。即使如此，由於本書所提到的種種原因，控制這一變量所取得的效果不會很大。因此，國家必須直接進行投資來使社會的投資量等於充分就業條件下的儲蓄量，以便解決資本主義的危機和失業問題。為了達到這一目的，凱恩斯甚至提出了投資社會化的主張。

(四)《通論》對中國的可資借鑑之處

《通論》是為了解決資本主義市場經濟的問題而撰寫的；同時，凱恩斯本人的立場和思想也使他解決問題的方案局限在這種市場經濟所容許的範圍以內。儘管這樣，由於資本主義市場經濟和中國的社會主義市場經濟在市場經濟這一點上具有共同之處，所以《通論》的內容存在着可以為中國借鑑之處。具體說來，至少有兩點：

第一，《通論》證實，市場不是萬能的。由於市場中的各個利益主體的經濟行為不能協調一致，所以經濟蕭條和過熱的"市場失靈"的現象會經常存在。因此，國家有必要使用宏觀調控的手段。

第二，它也説明，作為宏觀調控手段的貨幣政策和財政政策通過何種途徑來消除這些"市場失靈"的現象。凱恩斯認為，"失靈"現象的主要原因是投資不足或過多，而投資不足和過多所造成的收入下降和高漲又導致了消費萎縮和劇增。貨幣政策的推行可以通過利息率的降低和提高來控制投資的增長，進而帶動消費的增長。當貨幣政策控制投資的力度不足以完全消除"失調"現象時，特別在經濟萎縮時國家必須使用財政政策，把資金直接投資於"公共工程"，以便擴大內需，達到消除"失靈"現象的目的。

由於體制轉軌，產業結構失調，國外經濟情況的變化等原因，中國的社會主義市場經濟也會面臨一定程度的失業、產品積壓、經濟過熱等"市場失靈"現象。就如何通過宏觀經濟政策來解決這些現象而言，《通論》中的上述兩點值得我們加以參考。

此外，《通論》對股票市場的看法、對數理經濟學的評價、對國際貿易難以順利進行的説明、對資本主義發展前途的展望等等也值得我們注意。

高鴻業

目　錄

第 *1* 章

前言
(《通論》序言和第一章)

選編者按：在這個節選本的第一章中，可以看到凱恩斯撰寫《通論》的三個動機：第一，指出傳統經濟學家在有關失業問題上的理論的錯誤；第二，提出自己的觀點；以及第三，説服他的同行們，並通過同行們來傳播他的觀點。

在這裏，凱恩斯所説的"古典學派"泛指在他以前的居於正統地位的西方經濟學家，特別是英國的學者，始於亞當·斯密和李嘉圖，終止於劍橋大學的馬歇爾和庇古教授。

本書主要是為我的同行經濟學者而撰寫的。我希望其他人也能看懂它。但是，它的主要目的在於論述有關理論的困難問題，而這一理論的應用在本書中則僅處於次要地位。因為，如果正統經濟學説有錯誤之處，那末，錯誤不在於它的被精心樹立起來的在邏輯上前後一致的上層建築，而在於它的假設前提缺乏明確性和一般性。這樣，除非使用高度抽象的辯解和相當多的爭論，我就不能達到我的目的，來說服經濟學者，使他們能以鑑別真偽的態度重新考察他們的某些假設前提。我的意圖是想使辯解和爭論盡量少一些。但是，我認為，重要之點是：不僅要對我的觀點加以解釋，而且還要說服在哪些方面我的觀點不同於現在流行的理論。我預計，那些根深蒂固地置身於被我稱之為"古典學派理論"的人會徘徊於兩種意見之間：一種意見認為我完全錯了，另一種則相信，我沒有任何新東西。或者還會有第三種意見。誰是誰非，讓其他人加以判斷。我在本書中進行爭論的段落旨在於提供一些素材，以便使別人能作出判斷的答案。如果為了使分歧明確化，我在爭論中的文字過於尖銳，那末，我必須請求諒解。我自己在許多年中堅持並且確信我現在所抨擊的理論，從而，我認為，我不會不知道該理論的優點。

爭論中的問題的重要性是無以復加的。如果我的意見正確，那末，我首先要說服我的同行經濟學者們，而不是一般的群眾。在爭論的目前階段，雖然歡迎一般群眾參加，但他們只能是旁聽者，旁聽作為爭論一方的一位經濟學者把他與同行們之間的深刻的意見分歧明確地提出來。這些分歧在目前幾乎使經濟理論失掉其現實作用，並還會繼續如此，

如果我的意見正確，那末，
我首先要說服我的同行經濟學者們，
而不是一般的群眾。

一直到分歧得以解決時為止。

對於作者而言，寫作本書是一個長期的掙扎過程，以求規避傳統的思想和說法。如果作者對這些思想和說法的攻擊是成功的話，那末，大多數讀者在閱讀本書時，也會持有同感。本書以如此複雜的方式所表達的思想卻是很簡單的。困難之處並不在於新思想，而在於舊學說。這些舊學說，對於我們這些大多數受其哺育而成長起來的人而論，已經深入到我們頭腦中的每一個角落。

我把本書命名為"就業、利息和貨幣通論"，用以強調其中的"通"字①。這一命名的目的在於使我的論點和結論能與古典學派對同一問題的論點和結論加以對照。正如它在過去一百年中所做的那樣，不論在實踐上還是在理論上，古典學派的理論支配着我這一代的統治階級和學術界的經濟思想，而我自己也是被這種傳統思想哺育出來的。我將要進行爭辯，說明古典學派的假設條件只適用於特殊情況，而不適用於一般通常的情況。古典學派所假設的情況是各種可能的均衡狀態中的一個極端之點。此外，古典理論所假設的特殊情況的屬性恰恰不能代表我們實際生活中的經濟社會所含有的屬性。結果，如果我們企圖把古典理論應用於來自經驗中的事實的話，它的教言會把人們引入歧途，而且會導致出災難性的後果。

---

① 關於"通"字的確切含義，可以參照下面的第三章的內容。
　　——選編者

第 2 章

傳統的西方經濟學的假設前提
（《通論》第二章）

選編者按：凱恩斯認為，傳統的經濟學家之所以在失業問題上持有錯誤的觀點，其主要原因在於相信薩伊定律是正確的，並由此而導致出傳統學者在利息論和貨幣論上的錯誤。他之所以把《通論》定名為《就業、利息和貨幣通論》的原因之一即在於此。

薩伊定律的最簡單的表達方式是"供給創造自己的需求"，意思是說：在生產出商品的過程中也同時會創造出與該商品價值量（或價格）相等的購買力。換言之，生產出來的全部商品都會被購買掉。因此，資本主義不會有生產過剩的危機。

在本章中，凱恩斯一方面舉出傳統學者相信薩伊定律的事實，另一方面概略地說明該定律的錯誤。下一章將對錯誤之處加以較確切的說明。

自從薩伊和李嘉圖時期以來，古典經濟學者們都在講授供給創造自己的需求的學說──其大意是：全部生產成本必須直接或間接地被用來購買所生產出來的產品，但對該學說，他們並沒有很清楚地加以說明。

在約翰·穆勒的《政治經濟學原理》中，該學說被明白地陳述如下：

"構成償付商品的手段的東西還是商品。每人所持有的償付其他人的產品的手段就是他自己所擁有的產品。既然如此，所有的賣者不可避免地會成為買者。如果我們能突然使一國的生產能力加倍，那末，我們會在每一個市場上使供給加倍。但是，與此同時，我們也會使購買力加倍。每人都會具有雙倍的需求和供給。每人所購買的是過去的兩倍，因為，他在交換中能提供給別人的也是過去的兩倍"。

作為該學說的一個推論，任何具有購買力的個人的節制消費的行為被認為必然會使由於節制消費而解放出來的勞動和商品被用於生產資本品的投資。下面引自馬歇爾的《國內價值的純理論》的一段話可以顯示傳統的說法：

"一人的全部收入都是被用於購買勞務和商品的。當然，人們常常聽到：一人花費掉其一部分收入，並且儲蓄剩下的部分。但是，大家熟悉的一條經濟學公理說道：一人用其收入的儲蓄部分來購買勞動和商品的情況正是和他用他的被稱為消費部分

構成償付商品的手段的東西
還是商品。

來購買勞動和商品的情況相類似的。當他企圖從所購買到的勞動和商品中得到現在的享受時，這被稱為他在進行消費。當他使得他所購買的勞動和商品被用於生產他在將來可以從其中得到享用物的財富時，這被稱為他在進行儲蓄"。

要想從馬歇爾的較後的著作中或從埃奇沃斯或庇古教授的著作中找到類似的話確實是不容易的。該學說在今天從來不以這種簡陋的形式出現。雖然如此，它仍然是整個古典理論的一個基礎；沒有前者，後者便要崩潰。現在的經濟學者在是否同意穆勒的說法上可能要躊躇一下，但他們在接受以穆勒的說法作為前提而得到的結論並不會表現猶豫。例如，這種被確信不移的觀點貫穿於幾乎是全部庇古教授的著作。他相信，除了會增加摩擦以外，有無貨幣並不會造成實質性的後果；① 他相信，生產論和就業論可以（像穆勒所做的那樣）根據"實物"數量的交換而得以建立，與此同時，貨幣可以在其後的一章中以無關宏旨的方式被引入進來。這種被確信不移的觀點是古典傳統的現代化說法。現時的思想仍然深深地浸泡在這種想法之中，認為如果人們不以一種方式把錢花掉，那末，也會以另一種方式這樣做。戰後的經濟學者確實很少能以前後一致的方式成功地維持這一觀點；因為，他們在今天的頭腦

中已經過分地充滿了相反的思想傾向，已經充滿了
過於明顯地與他們以前的觀點發生矛盾的經驗事
實。但是，他們沒有從中得出足夠深遠的結果，從
而也沒有修改他們的基本理論。

在《魯賓遜飄流記》故事的交易不存在的經濟
中，個人的收入完全來自他的生產活動。他所消費
掉的或保存下來的事實上是、而且只能是他自己生
產活動的產物。古典學派把故事中的經濟當作現實
世界，把由前者中所得到的結論應用於後者。古典
學派錯誤的原因可能即在於此。然而，除此以外，
生產成本總是能從由於需求而造成的銷售所得中全
部收回這一古典學派的結論具有很大的可信性，因
為，很難把它與另一個看來和它相似的正確命題分
開，而後一個命題是：在社會中從事某一生產活動
的各生產要素的收入總量必然等於這一生產活動的
生產物的價值。

同樣地，人們很自然地會設想：如果一人能增
加自己的財富而又顯然沒有從其他人那裏取走任何
東西，那末，他必然也會增加整個社會的財富；因
此(正如剛才引用的馬歇爾的話那樣)，一個人的儲
蓄行動不可避免地會導致出與之相對應的投資行
動。因為，按照相同的道理，也可以不容置疑地
說：個人財富淨增量的總和必然正好等於社會財富

**一個人的儲蓄行動不可避免地
會導致出與之相對應的投資行動。**

淨增量的總量。②

無論如何，那些以如此方式思索的人都受到了視覺上的幻像之騙；視覺上的幻像把本質上不同的事物看成似乎相同的東西。這些人錯誤地設想在節制現在的消費和準備將來的消費之間存在着自行協調的關係；而在事實上，決定後者的動機與決定前者動機之間並不存在着任何單純的聯繫方式。

這樣，把社會總產量的需求價格和其供給價格假設為相等的說法可以被當作為古典理論的"平行線公理"。如果承認這一點，那末，其他各點便會隨之而來——私人和國家從事節儉為社會帶來的利益、看待利息率的傳統的態度、古典學派的失業論、貨幣數量論、自由放任在對外貿易上必然會帶來的利益，如此等等。對於所有這一切，我們將要提出疑問。

---

① 因為，按照古典學派的意見，"合乎理性的人"，即尋求自己的利益最大化的人不會把貨幣閒置起來而不去讓它增值。——選編者

② 在這裏，個人和社會財富淨增量係順次指整個社會的儲蓄和投資量而言。——選編者

第 *3* 章

有效需求原理和《通論》的
理論框架

(《通論》第三章)

選編者按：本章所含有的三節的標題說明了本章的主要內容。從本章中可以看到：有效需求就是均衡時的國民收入。由於"選編者前言"中的第三部分所列出的《通論》理論框架中的國民收入係指均衡的國民收入，所以該框架中的國民收入也代表有效需求。此外，如果在閱讀本章第二節時能參照上述框架，那會有助於讀者的理解。

第一節　甚麼是有效需求

在開始的時候，我們需要一些名詞概念。在既定的技術、資源和成本的條件下，企業家僱用一定數量的勞動者會使他具有兩種支出：首先，他付給生產要素的支出 (不把對其他企業家的支出包括在內)，以便補償它們所提供的現行勞務的部分。這一部分被我們稱之為所研究的就業量的要素成本。第二，支付給其他企業家的支出，以便補償他們所提供的產品以及補償他自己由於提供機器設備和不讓機器設備閒置而遭受的犧牲。後者被我們稱之為所研究的就業量的使用者成本。[①] 企業家由此而得到的產品的價值超過要素成本和使用者成本的這部分差額是企業家的利潤，也被我們稱之為企業家的收入。當然，從企業家的觀點來看是要素成本的東西在生產要素看來是它們的收入。[②] 因此，要素成本加上企業家利潤構成被我們稱之為該企業家所提供的就業量的總收入。以如此方式來定義的企業家的利潤應該是企業家使之最大化的數量，以便根據最大利潤來決定他所提供的就業量為何。為方便起見，我們可以從企業家的方面來看，把一定數值的就業量所造成的總收入（即要素成本 ＋ 利潤）[③]稱之為該就業量的產品的賣價。[④] 在企業家看來，每一數值的就業量都有一個最低的預期賣價；如果賣價低於此最低數值，他便不會提供與之相應的就業量。這一最低賣價就是相應的就業量的總供給價格。

　　根據以上所述，在技術、資源和每一單位就業量的要素成本均為既定時，每一單個廠商和行業以及社會總就業量取決於企業家對該就業量的產品所預期的賣價。因為，企業家會致力於把就業量維持在能使預期的賣價超過要素成本的部分為最大的水平。⑤

　　令Z為僱用N個人時的產品的總供給價格，則Z和N之間的關係可以被寫作為$Z = \Phi(N)$；該式可以被稱為總供給函數。同樣，令D為企業家僱用N個人時所預期的賣價，則D和N之間的關係可以被寫作為$D = f(N)$，該式可以被稱為總需求函數。

　　現在，在N的數值為既定的條件下，如果預期賣價大於總供給價格，即如果D大於Z，那末，企業家就會有積極性把就業量增加到大於N，而且，如有必要，企業家還會在相互之間進行競爭來購買生產要素從而提高成本，一直到N的數值使Z和D相等時為止。這樣，就業量被決定於總需求函數和總供給函數的交點，因為，在這一點，企業家的預期利潤會達到最大化。總需求函數與總供給函數相交時的D的數值被稱為有效需求。⑥由於這就是就業通論的實質內容，我們的任務在於說明這一內容。以下各章的論述主要在於考察影響這兩個函數的各種因素。

　　另一方面，過去一向被明確地表示為"供給創造自己的需求"並且繼續統治正統經濟理論的古典學說對這兩個函數的關係卻作了一個特殊假設條件，因為，"供給創造自己的需求"必然指$f(N)$和$\Phi(N)$在所有的N的數值都相等，也就是說，在產量和就業

就業量被決定於總需求函數和
總供給函數的交點，……在這一點，
企業家的預期利潤會達到最大化。

的任何水平都相等。這句話也指：當Z（＝Φ（N））由
於N的增加而作出相應的增加時，D（＝f（N））必然
與Z一樣作出相同的增加。換言之，古典理論假設：
總需求價格（或賣價）永遠使自己同總供給價格相
等；因此，不論N的數值為何，賣價D的數值等於相
當於N數值的總供給價格Z。⑦這就是說，有效需求
不是具有一個惟一的均衡值，而是具有一系列的無
窮大個同樣可被容許的均衡值；從而，除了勞動的
邊際負效用所規定的一個上限以外，就業量的大小
是不能確定的。

如果這是正確的話，那末，企業家之間的競爭
總是會導致就業量的擴大，一直到整個產量的供給
不再具有彈性時為止⑧，即：有效需求數值的進一
步增加不再會導致產量的任何增加。這一狀態顯然
同充分就業是相同的事情。在上一章，我們用勞動
者的行為來提供一個充分就業的定義。另一個與之
相等價的範疇就是我們現在所得到的，即：充分就
業是一種狀況；在其中，總就業量的產量對有效需
求的增加的反應已經缺乏彈性。因此，薩伊定律所
意味着的整個產量的總需求價格在一切產量上都與
總供給相等的說法就相當於到達充分就業不存在任
何障礙這一命題。然而，如果薩伊定律不是一個把
總需求和總供給函數聯繫起來的正確規律，那末，

經濟理論就有必要來撰寫涉及這一問題的十分重要的一章，因為，沒有這一章，一切有關總就業量的數值的討論都是徒勞的。

第二節　對《通論》理論框架的概述

對本書以下各章所要建立的就業理論作一概述，在目前階段也許會對讀者有所幫助，即使概述不能為讀者所完全理解。所牽涉到的名詞將在以後陸續詳加說明。在本概述中，我們假設：當每一勞動者單位的就業量增加時，貨幣工資和其他要素成本均保持不變。但是，使用這一在以後要放棄的簡單化辦法僅僅在於論述的方便。不論貨幣工資等是否會作出改變，我們論點的實質內容完全相同。

我們的理論的綱要可以表述如下。當就業量增加時，實際收入的總量也會增加。社會的心理狀態是：當實際收入總量增加時，總消費量也會增加，但增加的程度不如收入。

因此，如果增加的就業量僅被用來滿足現期消費量的增加，那末，企業家便會蒙受損失。這樣，為了能維持既定的就業量，就必須要有足夠數量的現期的投資來補償總產量多出在該就業量時社會所願意消費的數量部分。因為，除非存在着這一數量的投資，企業家的收入會小於使他們提供這一就業量所應有的數額。[9] 因此，在既定的被我們稱為消費傾向的條件下，就業量的均衡水平（即對全部企業家說來沒有動機促使他們擴大或減少就業量的水平）取決於現期的投資數量。投資數量又順次取決於我們所謂投資的誘導；而投資誘導則被發現為取決於資本邊際效率表（或曲線）與對各種期限和風險的貸款利息率結構之間的關係。

因此，在既定的消費傾向和新投資量的情況下，只存在着一個均衡水平的就業量；因為，任何其他水平會導致全部產量的總供給價格和總需求價格之間的差異。[10] 均衡水平的就業量不能大於充分就業，即：實際工資不能小於勞動的邊際負效用。[11] 但在一般情況下，也沒有理由來期望均衡水平的就業量等於充分就業。因為，與充分就業相對應的有效需求是一種特殊事例；只有當消費傾向和投資誘導相互之間處於一種特殊關係時，該有效需求才能得以實現。這種相當於古典理論的假設條件的特殊關係在一定意義上可以說是一種最優的關係。然而，只有在偶然的場合或者通過人為的策劃，使現期的投資量對需求所提供的數量正好等於充分就業所造成的產量的總供給價格大於社會在充分就業時所願意有的消費量的部分，[12] 上述的最優關係才能成立。

這一理論可以被總結為下列命題:

(1) 在技術、資源和成本均為既定的情況下,收入(包括貨幣收入和實際收入)取決於就業量N。

(2) 社會的收入和社會所願意消費的數量(用D_1來表示)之間的關係取決於該社會的心理特徵;這一關係被我們稱為該社會的消費傾向。就是說,除了消費傾向本身發生變化以外,消費取決於總收入的水平,從而取決於就業量水平N。

(3) 企業家所決定僱用的勞動者的數量N取決於兩種數量的總和(D),即:D_1,社會願意消費的數量,和D_2,社會願意投資的數量。D就是我們的所謂有效需求。

(4) 由於$D = D_1 + D_2 = \Phi(N)$(在這裏,Φ是總供給函數),由於正如我們在上述第(2)命題所看到的那樣,D_1取決於N(我們可以寫作$\chi(N)$;χ取決於消費傾向),所以$\Phi(N) - \chi(N) = D_2$。

(5) 因此,均衡的就業量取決於,1)總供給函數,Φ,2)消費傾向,χ,和3)投資量,D_2。這就是一般就業理論的要旨。⑬

(6) 對於每一個數值的N,在工資品行業中存在着相應的勞動的邊際生產率;而決定實際工資的便是這一生產率。⑭因此,(5)受到的限制條件為:N

不能超過它把實際工資減少到與勞動的邊際負效用
不相等時的數值。這意味着：並不是所有的D的改
變都不和我們暫時的貨幣工資不變的假設相抵觸。⑮
這樣，要想對我們的理論作出全面的論述，取消這
一假設條件是必要的。

(7) 按照古典理論，對所有的N的數值而言，D
＝Φ(N)；而在N小於其最大值時，就業量均處於中
性的均衡狀態。因此，企業家之間的競爭力量會把
N推進到它的最大值。在古典理論中，只有在這一
點，才會存在穩定的均衡狀態。

(8) 當就業量增加時，D_1會增加，但D_1的增加
程度不像D的增加那樣大；因為，當我們的收入增
加時，我們的消費也會增加，但增加的量不像收入
增加的那樣大。在這個心理規律中，可以找到存在
於我們現實中的問題的關鍵。因為，根據這一心理
規律，就業量越大，與之相對應的產量的總供給價
格 (Z) 與企業家能夠從消費者支出那裏收回的D_1之
間的差距也越大。因此，如果消費傾向不變，那
末，就業量便不能增加；除非D_2也同時增加，以便
補償Z與D之間的越來越大的差距。這樣——除非依
靠古典理論所作出的特殊假設條件，認為當就業量
增加時，總會有某種力量發生作用來使D_2增加到足
夠的程度，以便補償Z和D_1之間的越來越大的差距

——否則，經濟制度可以處於穩定的 N 小於充分就
業的均衡狀態，即處於總需求函數和總供給函數的
交點所決定的就業水平。

因此，就業量並不取決於以實際工資衡量的勞
動的邊際負效用，而在實際工資為既定時，所可能
有的勞動供給量僅僅決定就業量的最高水平。事實
上，消費傾向和新投資的數量二者在一起決定就業
量，而就業量又決定實際工資——並不是顛倒過來
的情況。如果消費傾向和新投資量造成有效需求不
足，那末，現實中存在的就業量就會少於在現行的
實際工資下所可能有的勞動供給量，而均衡的實際
工資會大於均衡的就業量水平的邊際負效用。

上述分析可以為我們解釋在豐裕之中的貧困這
一矛盾現象。其原因在於：僅僅存在着有效需求的
不足便有可能、而且往往會在充分就業到達以前，
使就業量的增加終止。儘管在價值上，勞動的邊際
產品仍然多於就業量的邊際負效用，有效需求的不
足卻會阻礙生產。

此外，社會越富裕，社會的實際和潛在的產量
之間的差距越大；因此，社會經濟制度的缺陷就更
加明顯和難以令人容忍。因為，貧窮的社會往往會
消費掉它的很大一部的產量，所以，數量非常有限
的投資便會足以導致充分就業；反之，富裕的社會

消費傾向和新投資的數量二者
在一起決定就業量，
而就業量又決定實際工資。

必須為投資提供遠為更加充足的機會來導致充分就業，如果想使該社會的富人的儲蓄傾向與該社會的窮人的就業不發生矛盾的話。如果在一個潛在富裕的社會中，投資的誘導微弱，那末，儘管存在着潛在的財富，有效需求原理的作用會強迫該社會減少它的產量，一直到存在着潛在財富的該社會貧窮到如此的程度，以致它產量的多於其消費的部分被減少到與它的微弱的投資誘導相適應時為止。

但是，事態之不幸還甚於此，在富裕的社會中，不僅邊際消費傾向微弱，而且，由於它的資本的積累已經較多，除非利息率以足夠快的速度下降，進一步投資的機會就較難以具有吸引力。這就使我們來研究利息率的理論並且考察為甚麼利息率不能降低到應有的水平。這是本書第四編的內容。

於是，對消費傾向的分析，對資本邊際效率的定義以及利息率的理論是我們現有知識的三個主要空白之處，從而必須加以填補。

第三節　對薩伊定律的錯誤的進一步的論述

可以忽視總需求函數的想法是李嘉圖經濟學的基本觀點，而在百餘年以來，我們所學習的經濟學

也以這個觀點為基礎。馬爾薩斯確實曾經猛烈地反
對過李嘉圖的有效需求不可能不足的學說，但卻無
濟於事。其原因在於：由於馬爾薩斯未能清楚地解
釋（除了訴諸於日常觀察到的事實以外）如何和為甚
麼有效需求竟然會不足或者過多，所以他沒有提供
一個可以代替李嘉圖觀點的另一種學說；而且，李
嘉圖征服英國的完整程度正和宗教裁判所征服西班
牙一樣，他的學說不僅達到為市民們、政治界和學
術界所接受的地步，而且，它還使爭議停止，與其
不同的觀點完全消失並且根本不被置之於討論之
中。馬爾薩斯曾經為之鬥爭的有效需求這一巨大之
謎在經濟學文獻中完全不見蹤跡。在古典理論得到
最成熟體現的馬歇爾、埃奇沃思和庇古教授的全部
著作中，它甚至一次也沒有被提到過。有效需求只
能偷偷摸摸地生活在不入流的卡爾·馬克思、西爾
維奧·格塞爾和道格拉斯少校的地下社會之中。

　　李嘉圖勝利的完整程度始終是出乎意料和難以
理解的事情。看來一定是由於在一系列事物上他的
學說能適合該學說所存在的社會的要求。我設想，
該學說所得到的結論和沒有經濟學知識的普通人所
預期的結論具有很大不同之處給它帶來智慧上的威
信。它的教言在實踐上的嚴酷和難以接受反而使它
具有優越性。它的可以被作為宏大而符合邏輯的上

李嘉圖(學說)征服英國的完整程度 正和宗教裁判所征服西班牙一樣。

層建築的基礎使它具有學術上的瑰麗。它能把社會上的許多不公正之處和明顯的殘酷事實解釋為在進步中不可避免的後果，以及把改變這些事態的企圖解釋為弊大於利的事情使它受到統治者的讚賞。它為資本家們的自由行動提供理論根據，使它能得到統治者背後的主要社會力量的支持。

但是，雖然一直到不久以前，該學說本身並未受到正統經濟學者的懷疑，然而它在科學預測上的失敗逐漸在很大的程度上損害了那些把它應用於現實的經濟學者的威信。在馬爾薩斯以後，職業經濟學者們並不為他們自己的理論結果與所觀察到的事實之間的差異而感到不安；——這種普通人也能看到的差異使人們越來越不願意把他們給予其他學科的科學工作者的尊敬同樣地給予經濟學者，因為，當其他學科的科學工作者的理論被應用於現實時，理論結果符合於現實觀察的成果。

傳統經濟理論的眾所周知的樂觀主義已經使經濟學者們被看作類似甘迪德⑥那樣的人物；他離開了現實世界來耕種自己的園地，並且教導人們：只要聽其自然，在可能有的最美好的世界中的一切都會走向最美好的途徑。我認為，這種狀態可以被歸之於他們忽視了有效需求的不足所造成的對經濟繁榮的障礙。因為，在符合古典學派的假設前提的社會中，顯然會存在着趨於最優就業量的自然傾向。古典理論很可能代表我們希望我們的經濟制度應該運行的方式。但是，把現實世界假設為這樣就等於把我們的困難給假設掉了。

---

① 使用者成本大致的含義是：由於生產而被消耗掉的原料、半成品再加上折舊。——選編者

② 這裏的意思是：企業家在組織生產時，必須順次支付給勞動者、資本家和地主以工資、利息和地租。三者順次為生產要素所有者(勞動者、資本家和地主)的收入，但在企業家看來，三者是它的生產成本。——選編者

③ 這裏的總收入即為僱用一定數量的勞動者(就業量)所帶來的整個社會的收入，包括整個社會支付的工資、利息、地租和利潤，因為，在僱用勞動者進行生產時，也必須使用機器設備和土地。此外，企業家必須獲得利潤才會生產和出售商品。——選編者

④ 因為，只有當產品的賣價至少等於上述的總收入時，企業家才會進行生產。——選編者

⑤ 即企業家的利潤為最大時。——選編者

⑥ 狄拉德以下列的圖形表示有效需求(見狄拉德：《約翰·梅納德·凱恩斯的經濟學》，普倫蒂斯霍爾公司紐約1949年，第29-37頁)：

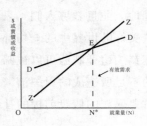

圖中的ZZ代表總供給曲線，Z＝Φ(N)；DD代表總需求曲線D＝f(N)。二者相交於E點；E點為供求相等的均衡點。在該點，整個社會的企業家由於僱用N＊的勞

動者而期望得到的產品的賣價正好等於整個社會提供N*的就業量所必須得到的最低賣價;此時,意圖獲得最大利潤的企業家得到正常利潤。處於E點左方的就業量之下,企業家會取得超額利潤,因為,D>Z;但這種狀態不能持續存在,其原因在於:企業家之間的競爭會增加就業量,使就業量向N*移動。處於E點右方的就業量之下,企業家會蒙受虧損,因為,Z>D;但這種狀態也不能持續存在,其原因在於:企業家為了消除虧損,必然會減少就業量,使它縮小到N*的數值。只有在E點,企業家所意圖得到的產品賣價或收入才等於整個社會所要求得到的最低值。由於N*能持續存在,所以N*為均衡就業量,相應於這一就業量的國民收入即為均衡的國民收入;此時的產品賣價或收入即為有效需求,由圖中的EN*表示。

大致說來,凱恩斯的有效需求的意思是:能使社會全部產品都被買掉的購買力,而這筆購買力又是由於生產這些產品而造成的。凱恩斯的有效需求與馬克思主義經濟學的有支付能力的需求看來並不完全相同,但也有相當大的一致之處。——選編者

⑦ 即總供給和總需求曲線重疊在一起。——選編者

⑧ 即總供給曲線不再具有彈性意味着總供給曲線在此時變為一條垂直線。——選編者

⑨ 因為,企業家生產出來的東西不能全部被銷售掉,從而將會損失一部分利潤;也就是處於Z>D的狀態。——選編者

⑩ 即求大於供或供大於求的情況,從而使就業量增加或減少。——選編者

⑪ 也就是說:企業家所能提供的實際工資水平不足以使真正的"自願"失業者出來工作。——選編者

⑫ 簡單說來,企業家進行投資來把充分就業所生產的全部產品中沒有被消費掉的部分買走。——選編者

⑬ 這也就是一般西方經濟學教科書中所說的"簡單凱恩斯模型"。——選編者

⑭ 即:古典學派的第一個假設前提,認為工資等於勞動的邊

際產品，而勞動的邊際產品的大小代表勞動生產率的高低。——選編者

⑮ 這句話的意思大致是：在到達充分就業以後，貨幣工資會隨着物價的提高而上升。在此情況下，貨幣工資就改變，而不是不變。——選編者

⑯ 伏爾泰筆下的哲學諷刺故事中的一個人物。該故事敘述純樸青年天真漢和其所愛慕的公主以及他的老師樂觀主義的空論家邦葛羅斯的種種經歷。它諷刺當時唯理性哲學的樂觀主義，尤其是萊布尼茨的哲學。——選編者

第 *4* 章

消費傾向

(《通論》第八和第九章)

　　選編者按：消費傾向的定義是：消費在收入中
所佔有的比例；表示消費與收入之間的這種關係的
函數被稱為消費函數，即：在這個節選本第三章第
22頁的$D_1 = X(N)$。然而，在本章中，凱恩斯又用C
來表示D_1。此外，他在形式上雖然仍用$C = X(N)$來
表示消費函數，但是，在論述中，卻使用相當於N
的Y(國民收入)來表示該式中的N；因此，$D_1 = X(N)$
在本章中變成$C = f(Y)$。雖然二者形式不同，但它們
的含義是相同的。

　　本章主要說明，消費函數曲線的位置和形狀在
《通論》所涉及的短時期中，都是穩定的，也就是
說，消費函數的所有的參數是不易變動的，因此，
消費量的大小取決於國民收入的多寡。在本章第三
節中，凱恩斯順便就節儉是否為美德作出解釋。

第一節　由客觀因素所決定
的消費函數曲線的位置

　　總需求函數說明任何既定的就業量與該就業量
預期能實現的"賣價"之間的關係。"賣價"係由兩種
總量構成——當就業量處於既定水平時，社會用於
消費的總量以及用於投資的總量。決定這兩種量的
因素大致上是界限分明的。在本編中，我們將考慮
前者，即：當就業量處於既定水平時，甚麼因素決
定消費的總量。在第四編中，我們將進而論述決定
投資的總量的各種因素。

　　由於我們在這裏所涉及的是：當就業量處於既
定水平時，甚麼決定消費量的大小，所以嚴格說
來，我們應該考慮的是表明前者的數量 (N) 和後者的
數量 (C) 之間的關係的函數。然而，為了方便起見，
可以使用稍微不同的函數，即把消費 (C) 和相當於一
定就業量水平的收入 (Y) 聯繫在一起的函數。

　　社會花費於消費的開支數量顯然 (i) 部分地取決
於它的收入的數量， (ii) 部分地取決於客觀存在的
有關情況，以及 (iii) 部分地取決於該社會居民的主
觀需要、心理上的傾向性、習慣以及收入分配的原
則 (當產量增加時，分配原則可能隨之改變)。消費
的動機是相互影響的，而對這些動機進行分類則難

免有劃分不當的後果。雖然如此，為了使我們的思路較為明確，可以把它們分為兩個大的類別，分別加以考察。這兩個類別被稱為主觀因素和客觀因素。我們將在下一章對主觀因素加以較詳盡的考察，包括那些人類本性的心理特點以及那些社會成規和制度。這些因素雖然並不是不能改變的，但在短時期內，除了處於非正常的或發生革命的情況，很難有較大的變動。從歷史的角度加以考察或把不同類型的社會制度加以比較的研究中，必須考慮主觀條件的改變以何種方式來影響消費傾向。但一般說來，我們將在以下論述中把主觀因素當作既定不變的，並假設：消費傾向僅取決於客觀因素的改變。

影響消費傾向的主要的客觀因素似乎可以列出如下：

(1) 工資單位的改變。①消費 (C) 顯然遠為更加是 (在一定的意義上) 實際收入，而不是貨幣收入的函數。在技術、偏好和決定收入分配的社會條件均為既定的情況下，一人收入的高低取決於他所持有的勞動單位，即取決於他的收入。②如果工資單位有所改變，那末，在既定的就業量下的消費開支，像價格一樣，也會以相同的比例改變，雖然在某些情況下，我們還必須照顧到工資單位的改變所造成的企業家與食利者之間的收入分配的改變，因為，這一改變可能對總消費量施加影響。

（2）收入和淨收入之間的差額的改變。我們已經在上面說明：消費量取決於淨收入，而不是收入，因為，根據定義，當一人決定他的消費規模時，他所據以考慮的主要是他的淨收入。在一個既定的情況下，在收入和淨收入之間可以存在着比較穩定的關係；穩定關係的意義為：在不同水平的收入和其相應的淨收入之間存在着表明二者之間的關係的惟一函數。然而，如果情況不是如此，那末，沒有被淨收入所反映出來的收入的改變必須被忽略掉，因為，它對消費沒有影響。同樣，沒有被收入所反映的淨收入的改變必須要被計算進來。除了例外的情況以外，我懷疑這一因素在現實上的重要性。

（3）在計算淨收入時沒有計入的資本價值的意外變動。這一項目可以對消費傾向施加遠為重大的影響，因為，它與收入之間沒有穩定的或規律性的關係。擁有財富的階級的消費可以異常敏銳地受到它財富價值的意料不到的改變的影響。這一點應該被認為是能在短期中影響邊際消費傾向的主要因素之一。

（4）對時間折算的貼現率的改變，即現有物品

消費量取決於淨收入，而不是收入。

和將來物品的交換比例的改變。這與利息率並不完
全相同，因為前者計入能被預料到的貨幣購買力在
將來的改變。它還要照顧到一切種類的風險，如活
到能享受將來的果實的可能性，或者，沒收性的稅
收政策。然而，作為一種概略的估算方法，我們可
以把這個貼現率和利息率等同起來。

這一因素對既定收入中的消費量究竟有多少影
響，很值得懷疑。按照古典的利息理論的説法，利
息率是使儲蓄的供給和需求能夠相等的因素。據
此，可以簡單地設想：在其他條件相同的情況下，
消費開支會對利息率的改變作出相反方向的反應，
從而，利息率的任何上升顯然會使消費開支減少。
然而，人們很久以來已經認識到：利息率的改變對
現行的消費量的作用是複雜而不肯定的；其作用取
決於相互矛盾的傾向，因為，利息率的上升可以有
助於加強儲蓄的某些主觀動機，而又會削弱其他一
些主觀動機。在長時期中，利息率的相當大的改變
很可能趨於在較大的程度上改變社會的習慣，因之
而成為影響消費的主觀因素——雖然除了根據具體
事實加以判別以外，很難説影響的方向為何。然
而，短時期的通常類型的利息率的波動不大可能對
消費開支施加任何一方向的直接影響。如果人們的
總收入保持不變，那末，不會有許多人僅僅由於利

息率從5%降到4%而去改變他們的生活方式。在間
接的意義上，影響可以較大，但影響的方向不盡相
同。通過利息率的改變而對既定收入下的消費意圖
的最重大影響也許在於利息率的改變對有價證券和
其他資產的增值或降值的作用。如果一人的資本的
價值獲得意料之外的增值，那末，即使以賺取收入
的能力來說，他的資本並不比以前為好，他的增加
現行消費的動機應該得以加強。如果他經受在資本
上的虧損，那末，消費意圖會隨之而削弱。但這種
間接的影響，我們已在上述第3點中照顧到了。此
外，我認為，經驗所提供的結論是：除非利息率有
着不同尋常的巨大改變，利息率對個人在既定收入
中的消費量的短期影響相對說來是次要的。

(5) 財政政策的改變。既然個人的儲蓄傾向取
決於人們所期望的將來的收益，那末，儲蓄顯然不
僅僅取決於利息率，而且也取決於政府的財政政
策。所得稅，特別是當該稅對"不憑本事而賺到的"
收入稅率很高時，如利潤稅、遺產稅以及類似的稅
種都和利息率一樣影響儲蓄；與此同時，財政政策
可能變動的範圍至少在預期中可以比利息率的變化
要大。如果財政政策有意地被作為取得比較平均的
收入分配的手段，那末，它對增加消費傾向的影響
當然還要更大。

**資本價值的意外變動可以改變
消費傾向,而利息率和財政政策的
相當大的改變可以施加某些影響。**

我們還要考慮到政府為了償還債務而設置的來源於稅收的償債基金,因為,它對總消費傾向會產生影響。這種償債基金代表一種集體儲蓄,從而大量設置償債基金的政策應被當作減少消費傾向的因素。正是由於這一原因,當政府從借債的政策轉變為相反的設置償債基金的政策時(或作相反的轉變時),它能造成嚴重的有效需求的收縮(或相當大的擴張)。

(6) 人們改變其對現在和將來的收入水平的差距的期望。為了形式上的完整,我們才列入這一項目。雖然該項目可以在相當大的程度上影響個人的消費傾向,但對整個社會的消費傾向而言,該項目的影響很可能會由於各個人改變期望的方向不同而相互抵消。此外,該項目屬於那種具有很大不肯定性的事物,從而,通常不會施加很大的影響。

因此,我們可以得到結論:如果我們消除掉以貨幣來表示的工資單位的改變,那末,在既定的情況下,消費傾向可以被當作相當穩定的函數。資本價值的意外變動可以改變消費傾向,而利息率和財政政策的相當大的改變可以施加某些影響;與此同時,雖然其他的客觀因素的作用不容忽視,但在普通的情況下,它們的作用不大可能是重要的。

在既定的一般經濟情況下,消費開支主要取決

於產量和就業量。這一事實是我們能建立約略性的
"消費傾向"函數的理由。

第二節　由主觀因素所決定的
消費函數曲線的形狀

消費傾向是一個相當穩定的函數，從而，總消
費量一般取決於總收入量，而消費傾向本身的變化
則被認為具有次要的影響。在承認這一切的前提
下，這一函數的正常形狀為何？

仍然存在着第二類對既定收入中的消費量發生
影響的因素——即：在既定的總收入和既定的我們
已經討論過的客觀條件下，決定消費開支的主觀和
社會的因素。然而，由於分析這些因素並不牽涉到
讀者不知道的新穎論點，所以只需要列出比較重要
的因素，而不以較長篇幅對它們加以論述。

一般說來，存在着八個帶有主觀性質的動機或
目標；它們導致人們不把收入用之於消費：

(1) 為了不時之需而積起一筆準備金。

(2) 為了事先料到的個人(或其家庭)所需要的
開支與其收入之間的關係的改變而作出儲
備，例如，為了養老、家庭成員的教育或
撫養無自立能力的人。

總消費量一般取決於總收入量，
而消費傾向本身的變化
則被認為具有次要的影響。

(3) 為了獲得利息和財產增值，即：因為，以後的較大量的消費被認為是優於現在的較小量的消費。

(4) 為了取得能逐漸增加的生活開支，因為，這可以滿足一個普通存在的本能來使生活水平逐漸改善，而不是相反，雖然人們的享受能力可以是日益減退的。

(5) 為了取得具有獨立生活能力的感覺以及取得能做出事業的量力，雖然對具體的行動並沒有明確的想法或意圖。

(6) 為了進行投機或業務項目而積累本錢。

(7) 為了能留下遺產。

(8) 為了滿足純粹為守財奴的慾望，即；不合理地但卻一貫地禁止消費的行為。

這八個動機可以依次被稱之為謹慎、遠慮、籌劃、改善、獨立、進取、驕傲和貪婪動機，而我們也能開出一系列與之相應的消費動機，如享樂、短視、慷慨、失算、浮華和奢侈。

除了個人所積累的儲蓄以外，在類似英國或美國的現代工業社會中，也存在着大量的被積累起來的收入，其數量佔總儲蓄量的1/3到2/3。這類儲蓄係由中央政府、地方政府、社會組織和企業公司進行——其動機在很大程度上相似於但並不等同於個人。這些動機主要有下列四個：

(1) 進取動機——取得資金，以便能進行更多的資本投資而又不承擔債務或在市場上籌資。

(2) 流動性動機——取得流動性資產，以便對付緊急事項、困難情況和經濟蕭條。

(3) 改善動機——取得逐年增加的收入；這可以使經理們免受批評，因為，由於儲蓄而帶來的收入和由於效率而帶來的收入很難加以區別。

(4) 財務上的謹慎動機以及處於"正確的地位"的迫切願望使得儲備基金超過使用者成本與補充成本，以便能在資本設備被磨損淨盡和老化到不堪使用的期限以前(而不是以後)清償債務和收回成本。這一動機的強度主要取決於資本設備的數量和特點以及技術變革的速度。

相應於這些能使人們把一部分收入不用之於消費的動機，有時也存在着使消費超過收入的動機。上面列出的導致正數值的儲蓄的動機本身就意味着在一段時期以後，使人們的儲蓄具有負數值。例如，用儲蓄來提供家庭所需要的開支或養老之需。用借款來支付失業救濟金可以被作為負儲蓄的良好

當人們收入增加時，
他們的消費也會增加，但
消費的增加不像收入增加得那樣多。

例證。

所有的這些動機的強弱在很大程度上取決於經濟社會的體制和組織，取決於種族、教育、成規、宗教和流行的風氣所形成的習慣，取決於現在的希望和過去的經驗，取決於資本設備的規模和技術以及取決於現行的財富的分配和已經形成的生活水平。在本書的論述中，除了偶然的脫離正題之處以外，我們並不關心社會改變的長遠後果，也不關心長期發展的緩慢作用。就是說：我們將把形成儲蓄和消費的主觀因素的一般背景當作既定的事實。由於財富的分配取決於大致為永久性的社會結構，它也可被認為是在長期中變動緩慢的因素，從而，在本書所涉及的範圍內，可以被認為是既定的。

根據現有的資料，無論從我們所知道的人類本性來看，還是從經驗中的具體事實來看，我們可以具有很大的信心來使用一條基本心理規律。該規律為：在一般情況下，平均說來，當人們收入增加時，他們的消費也會增加，但消費的增加不像收入增加得那樣多。就是說：假設C代表消費量，而Y代表收入，那末，$\triangle C$和$\triangle Y$會具有相同的正負號，但前者小於後者，即：$\dfrac{dC}{dY}$ 的數值為正，但卻小於1。

當我們涉及短時期時，情況尤其如此。在短期中，例如在所謂就業量作出周期性的波動的場合；
在其中，人類的習慣——有別於其他永久性較大的
心理傾向——還沒有足夠的時間來改變自己，以便
適應已經改變了的客觀環境。人們已經習慣了的生
活水平的費用通常首先從他們的收入中扣除掉，然
後，他們會把生活水平的費用和實際收入之間的差
額儲蓄起來。如果他們由於收入的變化而調整其生
活費用的話，他們的調整在短期也是不完全的。由
此可見，增加的儲蓄往往伴隨着收入的上升，而減
少的儲蓄則伴隨着下降的收入。當收入變動時，儲
蓄最初會比在以後具有較大的改變。

但除了收入水平在短期中的變動以外，較高的
絕對量的收入水平顯然也會擴大收入和消費之間的
差距。其原因在於：滿足人們及其家庭的現行的基
本生活需要通常要比積累具有較強的動機。只有在
到達一定的舒適程度以後，積累的動機才會轉變為
較強。由於這些原因，當實際收入增加時，人們通
常會儲蓄掉其收入中的較大的比例。然而，撇開是
否儲蓄掉收入中的較大比例不談，我們把下面的陳
述當作任何現代社會的基本心理規律，即：當社會
的實際收入增加時，該社會不會使它的消費增加的
絕對量等於收入增加的絕對量，從而，除了其他因
素同時發生強烈而不尋常的變化外，該社會必將進

**當社會的實際收入增加時，該社會
不會使它的消費增加的絕對量
等於收入增加的絕對量。**

行較大絕對量的儲蓄。正如我們在以後所要說明的
那樣，經濟制度的穩定性主要取決於這個存在於現
實中的規律。該規律的意思是：當就業量，從而總
收入增加時，並不是所有的新添增的就業量都會被
用來滿足新添增的消費量。

　　另一方面，當由於就業量水平的降低而帶來的
收入下降具有很大的數量時，它甚至會使消費超過
收入。消費之所以超過收入，其原因不僅僅在於某
些個人或集體用掉了它們在較好的年景中所積累起
來的經濟上的儲備，也在於政府，不論是否自願如
此，將會造成預算赤字，或者，將以借來的款項來
提供(譬如說)失業救濟金。由此可見，當就業量下
降到低水平時，總消費量的下降數量會小於收入下
降的數量。其原因在於人們的習慣性行為，也在於
政府很可能要執行的政策。這兩個原因可以解釋為
甚麼通常在波動幅度有限的範圍內，均衡狀態能夠
得以形成。否則，一旦就業量和收入開始下降，它
們便可能繼續下降到幅度很大的地步。

　　我們將會看到，這個簡單的原理可以引導出和
過去相同的結論，即：除非消費傾向有所改變，就
業量只能伴隨着投資的增加而增加。其原因在於：
當就業量增加時，由於消費者的開支小於總供給價
格的增加，所以除非投資的增加能填補二者之間的

差距，已增加的就業量會成為無利可圖的事情。

第三節　節儉是否為美德釋疑 ③

根據以上的論述，改變消費傾向的主觀和社會的動機一般說來變動遲緩，而利息率和其他客觀因素的變動的短期影響又往往具有次要的地位，因此，我們得出的結論只能是：消費的改變主要取決於收入的多寡，而不取決於在既定收入下的消費傾向的改變。

雖然如此，我們必須避免引起誤解。上述的意思是說：利息率的有限的改變對消費傾向的影響通常是微弱的。這並不意味着：利息率的改變對實際的儲蓄量和消費量僅僅具有很小的影響。事實恰恰相反。利息率的改變對實際的儲蓄量的影響是非常重要的，但其影響的方向卻與通常設想的相反。其原因在於：雖然高利息率所帶來的較多的將來的收入具有降低消費傾向的作用，然而，我們卻可以肯定，利息率上升的作用會減少實際的儲蓄數量。因為，總儲蓄受到總投資的控制，而利息率的上升(除非為相應的投資需求曲線的變動所抵消)卻會減少投資。所以，利息率上升的作用必然是把收入減少到如此的水平，以致在這一水平，儲蓄會減少到與投

**消費的改變主要取決於收入的多寡，
而不取決於在既定收入下的
消費傾向的改變。**

資相等的地步。由於收入的下降在絕對量上會大於投資的下降，所以，當利息率上升時，消費量會減少。這並不是說，利息率的上升使儲蓄增加。恰恰相反，儲蓄和消費二者都要減少。

由此可見，即使利息率的上升會使社會把既定收入的較大部分用之於儲蓄，我們仍能相當肯定地說：利息率的上升（假設不存在着有利於投資的需求曲線的變動）會減少在現實中的總儲蓄量。類似的論證方法甚至可以告訴我們，在其他條件相同的情況下，利息率的上升會使收入降低多少。因為，收入的降低量必須是這樣一個數量：在現有的消費傾向的數值下，這個收入降低的數量所造成的儲蓄的減少正好等於上升的利息率在現行的資本邊際效率下所造成的投資的減少。關於這一方面的詳盡的考察將是我們下一章的內容。

只有在收入不變的條件下，利息率的上升才可能使我們進行更多的儲蓄。但是，如果較高的利息率阻撓投資，那末，我們的收入不會，也不可能保持不變。收入必須下降，從而會減少進行儲蓄的能力。儲蓄能力的減少足以抵消較高的利息率所導致的儲蓄的積極性。我們越是有德行，越是致力於節約，我們國家和個人的財務越是堅持正統原則，那末，當利息率作出相對於資本邊際效率的上升時，我們的收入會下降得越多。對此持頑固不化的態度只能帶來懲罰，不會帶來利益。因為，上述結果是不可避免的。

按照上面的說法，現實中的總儲蓄量和總消費量絲毫不取決於謹慎、遠見、籌劃、改善、獨立、進取、驕傲和貪婪。美德和罪惡都不發生作用。在既定的資本邊際效率的情況下，一切取決於利息率有利於投資的程度。當然，事情並不完全如此，上面的說法有點誇大其辭。如果利息率能被控制到使它能繼續維持充分就業的程度，節儉的美德仍然會恢復它的影響——資本積累的速度還是要取決於消費傾向的低微。由此可見，古典學派經濟學者之所以頌揚節儉的美德，其原因還是由於他們暗中作出的假設條件，即：利息率總是被控制在能維持充分就業的水平。

---

① 工資單位大致指社會的平均貨幣工資的水平。——選編者
② 因為，收入＝勞動單位 ×貨幣工資。——選編者
③ 本節的論述已經預先使用了以後將要闡明的幾個論點。
　　——選編者

第 5 章

邊際消費傾向和乘數

（《通論》第十章）

選編者按：消費傾向具有兩種形式。第一種被
稱為平均消費傾向，它表示總消費量在整個國民收
入中所佔有的比例，即 $\dfrac{C}{Y}$ 。第二種是邊際消費傾
向，它表示增加的消費量在增加的國民收入中所佔
有的比例，即 $\dfrac{\triangle C}{\triangle Y}$ 或 $\dfrac{dC}{dY}$ 。

乘數的意思是：如果投資量的增加為 $\triangle I$ ，而它
所導致出的國民收入的增加量為 $\triangle Y$ ，那末，二者
的比例 會大於1。換言之，投資每增加一元，它
所引起的國民收入的增加要大於一元，即數倍於投
資量的增加，這裏的倍數便是乘數。

乘數之所以存在，原因在於邊際消費傾向。當
投資增量為 $\triangle I$ ；這筆用於購買投資品的款項最終會
變成社會中一部分人的收入的增加量。根據邊際消
費傾向的定義，這一部分人會把 $\triangle I$ 款項的一部分用
之於購買消費品，而購買消費品的款項最終會變為

另一批人的增加的收入，從而，他們又會把其中的一部分用之於購買。如此循環往復，其中造成的國民收入的增加會大於，從而數倍於△I的數量。如果投資量減少，而不是增加，那末，便會造成相反的後果。這種乘數存在的原因可以用簡單的數學推導出來。然而，對此，《通論》既沒有數學推導，也未加詳細說明。

既然投資量的變化對國民收入和就業量具有乘數作用，所以凱恩斯把投資量的變動用作為主要因素來解釋國民收入和就業量的波動，並據此而提出增加投資來解決失業問題的政策建議，特別是通過公共工程來增加投資的政策。

本章第一節說明邊際消費傾向與乘數的關係；在第二節中，凱恩斯以誇大的筆法和諷刺的語言來強調用財政政策來增加公共工程投資的必要性。"選編者前言"已經指出《通論》的關於政策的論述以支離破碎的形式出現於各章。本節便是它出現的一個片斷。

第一節 邊際消費傾向與乘數

在第四章中，我們已經確立之點是：就業量只能隨着投資的增加而增加。① 我們現在可以沿着這

就業量只能隨着投資的增加而增加。

條思路前進一步。在既定的就業量隨着投資而增加的情況下，我們可以在收入和投資之間確立一個被稱為乘數的固定比例，而通過某些簡單化的措施，可以在總就業量和直接被用於投資的就業量（被我們稱為初期就業量）之間，確立一個被稱之為乘數的固定比例。這個進一步的步驟是我們整個就業理論中的一個不可缺少的環節，因為，有了這一步驟，在既定的消費傾向的數值下，便可以在總就業量、總收入和投資量之間，確立一個精確的關係。在論述乘數以前，有必要說明邊際消費傾向的概念。

本書所考察的實際收入的波動是那種把不同數量的就業量運用於既定數量的資本設備而造成的收入波動，從而，實際收入隨着所使用的勞動者單位數量的增減而增減。

我們的一般心理規律宣稱：當整個社會的實際收入增加或減少時，該社會的消費也會增加或減少，但後者的增加或減少不會像前者那樣快。現在，我們一般心理規律可以被改寫成為——並不是絕對準確的，而是受到限制條件的約束；這些限制條件是顯而易見的，並且很容易地能以完整的形式加以說明——下列的命題，即：$\triangle C$ 和 $\triangle Y$ 具有相同的符號，但 $\triangle Y > \triangle C$；在這裏，C 為用工資單位衡量的消費。這不過重複在上面第16頁已經確立的命題。我們把 $\dfrac{dC}{dY}$；稱為邊際消費傾向。

這一變量是相當重要的，因為，它可以告訴我們，下一次產量的增量將如何在消費和投資之間進行分割。由於 $\triangle Y = \triangle C + \triangle I$，在這裏，$\triangle C$ 和 $\triangle I$ 依次為消費和投資的增量；所以，我們可以得到 $\triangle Y = k \triangle I$，在這裏 $1 - \dfrac{1}{k}$ 即等於邊際消費傾向。

我們稱k為投資乘數。它告訴我們：當總投資增加時，收入的增加量會等於 k 乘以投資的增加量。

根據以上的論述，如果社會的消費心理處於這樣一種狀態；在這一狀態下，人們願意消費掉（例如）其收入的增量的9/10，那末，乘數便為10；而在不減少其他投資項目的條件下，（例如）增加公共工程所導致的總就業量便為公共工程所提供的初期就業量的10倍。即使在就業量和實際收入增長時，如果社會的消費量仍維持原狀不變② ，那末，只有在這樣的事例中，由於公共工程而導致的就業量才限於公共工程本身所提供的初期就業量。另一方面，如果社會願意消費掉任何收入的增加的全部，那末，經濟的穩定不變的狀態便不能存在，而價格將會無休止地上升。在心理狀態被假設為正常的情況下，只有當就業量的增加和消費傾向的改變同時發

**如果儲蓄是藥丸，而消費是果醬，
那末，額外的果醬的多少
必須與額外丸藥的大小成比例。**

生時，就業量的增加才會與消費的減少聯繫在一起
——例如，在戰爭時期減少個人消費的宣傳可以造
成消費傾向的改變。只有在這種場合，投資行業的
就業量的增加才能導致消費品行業減少其就業量的
反響。

下面的論述不過以一般的語言來總結一下對讀
者說來現在已經是顯而易見的東西。除非公眾願意
增加儲蓄，投資便不會發生。在通常情況下，除非
總收入有所增加，公眾不會增加其儲蓄。這樣，被
公眾所消費掉的收入增加的一部分便可以推動產
量，一直到收入（及其分配）的新水平所導致的儲蓄
大到足以等於已經增加了的投資時為止。乘數告訴
我們，公眾的就業量應該增加多少，以便使實際收
入的增加大到足以使公眾進行必要的額外儲蓄；而
且，乘數是公眾的心理上的消費傾向的函數。如果
儲蓄是藥丸，而消費是果醬，那末，額外的果醬的
多少必須與額外丸藥的大小成比例。除非公眾心理
上的傾向與我們所假設的不同，我們在這裏已經建
立了一條規律，即：投資的就業量的增加必然會推
動生產消費品的行業，從而，會導致總就業量的增
加，而增加的總就業量是投資本身所造成的初期就
業量的數倍。

根據以上的論述，如果邊際消費傾向的數值接

近於 1 時，那末，投資的微小波動固然會導致就業量的巨大波動，但在這裏，一個相對微小的投資卻能導致充分就業。另一方面，如果邊際消費傾向的數值接近於零，那末，微小的投資波動固然會導致相應的就業量的波動，但在這裏，要想造成充分就業，就需要投資的大量增加。在前一種場合，非志願失業會成為易於治療的病症，雖然如果聽任其發展下去，還會造成問題。在後者的場合，就業量的變化固然較小，但卻會停留在一個低水平；而且，除非施加極為猛烈的治療方法，還會頑固地維持這一水平。在現實中，邊際消費傾向似乎處於這兩個極端之間，比較偏向於 1 的數值；其後果為：我們在一定的意義上可以說是兩害俱全，即：有着相當大的就業量的波動，而與此同時，為了取得充分就業所需要增加的投資數量又大到難於籌措。很不幸，就業量的波動幅度不足以使病痛的性質成為顯而易見的事實，而波動幅度的嚴重程度卻大到除非理解病痛的性質便無法加以治療的地步。

在到達充分就業以後，不論邊際消費傾向的數值為何，任何進一步增加投資的企圖都會使價格無休止地上升；即：我們已經到達真正的通貨膨脹的狀態。然而，在到達這一狀態以前，價格水平會隨着總實際收入的增加而上升。

　　到目前為止，我們所論述的是投資的淨增加量。因此，如果我們想要把上面的內容無條件地應用於（例如）增加公共工程的作用，那末，我們必須假設：(a) 不存在其他方面的具有抵消作用的投資的減少，以及當然還有 (b) 不存在同時改變其數值的社會的消費傾向。我們應把哪一些可能是重要的抵消作用考慮在內，並且研究對它們作出數量上的估計。因為，在現實的事例中，除了已知類型的投資的具體增加額以外，還存在着能影響最終結果的其他因素。例如，假設政府僱用了10萬名額外人員於公共工程，又假設乘數為4，那末，作出總就業量的增加額為40萬的結論是不可靠的。因為，那個政策可以引起其他方面的不利於投資的反應。

　　下面所列舉的似乎很可能是在現代社會中最不容忽視的因素（雖然起首的兩點直到第六章時才能完全加以理解）：

　　(1) 除非貨幣當局採取步驟加以矯正，公共工程資金的籌措以及就業量的增加和隨之而來的價格上升所需要的周轉現金的增加量可以引起利息率的增加，從而會阻撓其他的方面的投資。與此同時，資本品成本的增加會減少私人投資的資本邊際效率，而這種減少又需要利息率的下降加以抵消。

　　(2) 由於往往會存在的混亂的心理狀態，政府

的公共工程項目通過它對"信心"的影響，可以增加
流動性偏好，或者減少資本邊際效率。對此，如果
不採取措施加以抵消，那末，它們會妨礙其他方面
的投資。

(3) 在一個具有對外貿易的開放經濟制度中，
增加投資的乘數作用的一部分會被消耗於提高外
國的就業量，③ 因為，增加的消費量的一部分會減
少我們自己國家的貿易順差；從而，如果我們所考
慮的僅僅是國內的，而不是整個世界的就業量，那
末，我們必須降低計算出的乘數的數值。另一方
面，通過乘數作用在外國所引起的經濟活動的增加
對我們國家的有利反響，我們可以回收這種溢漏的
一部分。

此外，如果我們所考慮的是數量相當大的投資
變動，那末，我們必須計入隨着數量的變動而發生
的邊際消費傾向的變動，從而也必須計入乘數的變
動。邊際消費傾向並不是在一切就業量水平上都保
持不變，而且，一般說來，當就業量增加時，邊際
消費傾向趨向於減少。就是說，當實際收入增加
時，社會願意逐漸減少收入被用於消費的比例。

除了剛才提及的一般原則的作用以外，還存在
着其他因素來改變邊際消費傾向，從而改變乘數的
數值。一般說來，這些其他因素的作用似乎很可能

在於加強、而不是抵消上述一般原則的作用。其原因在於：首先，由於在短期中的收益遞減的作用，就業量的增加趨向於增加企業家所分攤到的總收入的比例，而企業家的邊際消費傾向很可能小於其整個社會的平均值。其次，在某些私人和公共部門中，失業的存在很可能要導致負儲蓄，因為，失業者會依靠他們自己的儲蓄或他們親友的儲蓄或依靠其資金部分地來自借貸的公共救濟來維持生活；其後果為：失業者的再就業會逐漸減少這些特殊的負儲蓄，從而會減少邊際消費傾向；而在沒有上述的失業者再就業的情況下，即使國民收入增加的數量相同，邊際消費傾向減少的速度也會較為緩慢。

不論在哪一種情況下，當投資的淨增加數量微小時，其乘數值要大於投資淨增加數量較大時的乘數值；因此，當我們所考慮的情況是投資作出相當大的改變時，我們應該使用根據考慮範圍內的平均邊際消費傾向而計算出的乘數的平均值。

卡恩先生曾經考察了類似因素在某些設想的特例中對乘數的數值可能造成的影響。但顯然很難得出一般性的結論。例如，我們所能說的不過是，對一個典型的現代社會而言，它所消費掉的它收入的增加部分很可能不會大大少於80％。如果它是一個封閉的經濟制度，而它對失業者的補助來源於向其他消費者徵收的款項,那末,在計入各種抵消因素之後,它的乘數不會大大小於5。然而,在一個進口消費品佔有其(譬如說)20%的消費量的國家中,如果它的失業者的補助來源於貸款或類似的方式,如果補助的數額接近於失業者在就業時的正常消費量的50%,那末,乘數的數值可以降低到2或3。這樣,在一個對外貿易額佔有很大比重、而失業補助在很大程度上又來源於借貸的國家中(如1931年的英國),投資的波動所導致的就業量的波動要遠小於上述因素較少存在的國家(如1932年的美國)。

根據在不同時期的總收入和總投資的統計數字(如果它們存在的話),要想建立一張說明在經濟周期不同階段的邊際消費傾向的數值的表格,不應該是一件困難的事。然而,在目前,我們的統計數字並不精確到足以(或者按照我們的這一要求來收集到足夠的數字)使我們能得出比約略的估計要精確一些的結果。據我所知,以我們的目的而言,最好的統計數字是庫茨涅茲為美國所計算的數字,雖然這些數字還很不精確。撇開這些不精確之處之談,從庫茲涅茨的包括國民收入在內的估計數字中所得到的投資乘數比我所期望的數值要低,也比我所期望的較為穩定。如果孤立地考察單個年份,其數字有着大到不合情理的變化。但是,如果把兩年的數字編

> **對於一個長期失業者而言，**
> **一定量的勞動不但不會引起負效用，**
> **反而可以具有正效用。**

成一組，那末，由此而得到的乘數數值似乎小於3，並且很可能穩定在2.5左右。

儘管如此，我們還是應該依靠乘數的一般原理來解釋為甚麼佔有國民收入相對微小比重的投資的波動會造成總就業量和收入的波動，而波動的幅度遠遠超過投資波動本身。

第二節 通過財政政策來對公共工程投資的必要性

當非自願失業存在時，勞動的邊際負效用必然小於勞動的邊際產品。④ 前者甚至會遠小於後者。對於一個長期失業者而言，一定量的勞動不但不會引起負效用，反而可以具有正效用。如果接受這一點，那末，上面所論述的道理可以說明為甚麼"浪費式的"舉債支出⑤在得失相抵之後還是可以增加社會的財富。如果我們的政治家們由於受到古典學派經濟學的薰陶太深而想不出更好的辦法，⑥ 那末，造金字塔、地震甚至戰爭也可以起着增加財富的作用。

奇怪的是：流行的常識，為了擺脱古典學說所導致的荒謬結論，往往偏向於採用全部"浪費式的"舉債支出的形式，而不是部分浪費式的形式，其原因在於：正是由於部分浪費式的形式並不是完全浪費的，所以，它的採用與否係按照嚴格的"企業經營"的原則加以判別。例如，用借款來籌措資金進行的失業救濟要比用借款來籌措資金進行的效益小於現行利息率的設備改良來得容易為人們所接受。與此同時，被稱為開採金礦的在地上挖窟窿不但不能增加世界上的真正財富，反而會引起勞動的負效用，然而，它卻是所有的解決辦法中的最容易被接受的一個。

如果財政部把用過的瓶子塞滿鈔票，而把塞滿鈔票的瓶子放在已開採過的礦井中，然後，用城市垃圾把礦井填平，並且聽任私有企業根據自由放任的原則把鈔票再挖出來 (當然，要通過投標來取得在填平的鈔票區開採的權利)，那末，失業問題便不會存在，而且在受到由此而造成的反響的推動下，社會的實際收入和資本財富很可能要比現在多出很多。確實，建造房屋或類似的東西會是更加有意義的辦法，但如果這樣做會遇到政治和實際上的困難，那末，上面說的挖窟窿總比甚麼都不做要好。

挖窟窿的辦法和現實世界的開採金礦是完全相仿的。在金礦的深度適宜於開採的時期，經驗表明：世界的財富迅速增加。當適合於開採的金礦為數很少時，我們的財富數量停滯不前或下降。由此

**在金礦的深度適宜於開採的時期，
經驗表明：世界的財富迅速增加。**

可見，金礦對文明具有極大的價值和重要性。正如
戰爭被政治家們認為是值得為之而進行大規模的舉
債支出的惟一形式一樣，開採金礦也被銀行家們當
作在地下挖窟窿的惟一借口，認為它合乎健全理財
的原則，而戰爭和開採金礦對人類進步都已經發揮
了作用──如果沒有更好的辦法的話。舉一個具體
的例子，相對於勞動和原料而言，黃金的價格在蕭
條時期趨於上升。這種上升有助於經濟的復甦，因
為，黃金價格的上升增加了值得開採的金礦的深度
並且降低了值得開採的金礦的級別。

假設我們受到限制，不能使用增加就業量而又
能同時增加有用的財富的辦法，那末，開採金礦，
除了通過增加黃金的供給所可能造成的對利息率的
影響以外，還是一個具有高度現實性的投資形式。
其原因有二：第一，由於它帶有賭博的性質，所以
它可以不太考慮現行的利息率而付諸實施。第二，
作為開採金礦的結果，增加了的黃金的存量並不像
其他事物那樣，會使它的邊際效用遞減。因為，一
幢房屋的價值取決於它的效用，所以，每增建一座
房屋會減少進一步增建房屋所能取得的租金，從
而，除非利息率以相同的比例下降，房屋建造的吸
引力就會減少。但開採金礦的果實卻不會具有這種
不利之處；抑制開採的條件只能是以黃金來衡量的

工資單位的上升，而除非在就業的情況大為改善時，這種條件不大可能出現。此外，黃金也不像其他耐久性較少的財富形式那樣，具有由於必須支付使用者成本和補充成本而帶來的負作用。

古代的埃及具有雙重的幸運，而其神話般的財富不容置疑地來源於此，因為，它進行了兩種活動，即建造金字塔和探索貴金屬，而由於這兩種活動的果實能不以被消費掉的方式來滿足人們的需要，所以它們不會由於數量充沛而降低其效用。中世紀則造教堂和做道場。對於死者而言，兩座金字塔、兩次道場帶來的好處要兩倍於一座金字塔和一次道場。然而，在倫敦和約克之間造兩條鐵路則不是如此。由此可見，我們現在崇尚現實，把我們自己教育成為如此接近於謹慎的私人理財家，以致我們在為後代建造住房時，要仔細考慮這樣做對後代所添增的"財務"負擔，從而，我們就沒有像埃及和中世紀那樣簡便的避免失業問題的辦法。我們不得不接受失業的存在，把它當作運用私人的"致富"之道於國家事務的不可避免的後果，而私人的"致富"之道不過使私人能積累起來大量的他們並不想在任何一定的時期行使的享用權利。

對於死者而言，
兩座金字塔、兩次道場帶來的好處
要兩倍於一座金字塔和一次道場。

---

① 因為，有效需求＝消費＋投資，而由於消費函數是穩定的，所以消費量很難改變，從而，有效需求(即國民收入)只能隨着投資的增加而增加。——選編者

② 換言之，$\dfrac{\triangle C}{\triangle Y} = 0$。——選編者

③ 由於收入增加額的一部分會被用於購買進口貨，而進口貨的增加會提高外國的就業量。——選編者

④ 大致的意思是：勞動對社會帶來的成本負擔小於它帶來的收益。——選編者

⑤ 指國家用赤字預算來償付開支或國家投資於無利可圖的企事業。——選編者

⑥ 傳統學者認為，如果投資是非浪費式的，即投資於有利可圖的項目，那末，私人便會進行這種投資，從而，國家的投資僅僅排擠掉私人本來就會進行的投資，因之而不會起着真正增加投資的作用。——選編者

第 6 章

資本邊際效率

(《通論》第十一章)

選編者按：凱恩斯認為，投資量的多少取決於對投資的誘導的大小，而對投資的誘導又取決於兩個因素，即資本邊際效率和利息率。雖然他以西方經濟學的規範的語言對二者分章加以解釋，然而，大體說來，資本邊際效率就是投資的預期利潤率，利息率則可以被看作為是投資的代價或成本。很顯然，只有前者至少等於後者時，也就是利潤大於成本時，才會有投資的推動力，即對投資的誘導。與此同時，資本邊際效率大於利息率的數值越多，有利可圖的投資項目也會越多，從而，投資量越大。反之，如果二者的差距越少，有利可圖的投資項目越少，從而投資量越小。因此，利息率與投資量之間存在着大小相反的關係。表示這種關係的圖表被稱為資本邊際效率表或曲線。對技術性較強的上述一切，《通論》第十一章僅用一節（即為本章第一節）的篇幅加以說明，這無疑會增加讀者閱讀的困難。對此，選編者不得不添增較多的註釋加以補救。

本章第二節強調預期對資本邊際效率的重大影響。

第一節　資本邊際效率及其曲線

當一人購買一件投資品或資本資產時，他是在購買能得到一系列未來的收益的權利；在投資品的壽命的限度內，未來的收益等於他所預期的投資所帶來的產品的賣價減去由於取得產品而支付的費用。這一系列的年收入Q_1、$Q_2 \cdots Q_n$。可以被稱之為投資的預期收益。①

與投資預期收益相對應的是資本資產的供給價格，其意義並不是指一件資產在市場上能實際上被買到的價格，而是指能誘使製造商生產出相同的資本資產的價格，即有時也被稱為重置成本的概念。從資本資產的預期收益和它的供給價格或重置成本之間的關係可以得到資本資產增加一個單位的預期收益和該單位的重置成本之間的關係。這種關係向我們提供了資本邊際效率的概念。更確切地說，我把資本邊際效率定義為一種貼現率，而根據這種貼現率，在資本資產的壽命期間所提供的預期收益的現在值能等於該資本資產的供給價格。這是某一具體種類的資本資產的邊際效率。各種不同的資本資產的邊際效率的最大值即可被當作一般的資本邊際效率。

讀者應該注意：這裏的資本邊際效率的定義涉及到資本資產的預期的收益和現行的供給價格。如果一筆錢被投資於購買新近生產出來的資產，那末，資本邊際效率即取決於這筆錢的預期的收益率。它的意思並不是指已經過去的歷史上的結果，即當一件投資的資產的壽命結束時，我們在該資產的記錄中看到的該資產投資費用所取得的收益率。

在任何時期中，如果增加在任何一種資產上的投資，那末，隨着投資量的增加，該種資產的資本邊際效率就會遞減；其部分原因在於：當該種資產的供給量增加時，預期收益會下降；另一部分原因在於：一般說來，該種資產的增加會使製造該種資產的設備受到壓力，從而，它的供給價格會得以提高。在短期中，兩種因素中的第二種通常具有較大的重要性來導致均衡狀態。然而，時期越長，第一種因素就會越來越為重要。由此可見，對每一種資產，我們均可為之建立一張表格或曲線，用以說明：要想使資本邊際效率等於某一個既定數值，在同時期中所需要增加的投資量為多少。然後，我們把各種資產的表格或曲線加總在一起，以便得到一張總的表格或曲線，用以說明：總投資量與總投資量所導致的、並與之相應的資本邊際效率之間的關係。我們將稱此為投資需求表或曲線；或者，稱此為資本邊際效率表或曲線。②

現在，顯然可以看到，實際的投資量會增加到如此的地步，以致沒有任何種類的資產的資本邊際效率會大於現行的利息率。換句話說，投資量會增加到投資曲線上的一點，在該點，一般的資本邊際效率等於現行的市場利息率。

上述結果也可以用另一種方式表達如下。如果 Q_r 是一件資產在 r 時的預期收益，而 d_r 則為 r 年以後的 1 鎊按現行利息率折算的現在值，那末，$\Sigma Q_r d_r$ 即為對投資的需求價格③。投資會增加到使 $\Sigma Q_r d_r$ 和上面加以定義的供給價格相等的地步。另一方面，如果 $\Sigma Q_r d_r$ 小於其供給價格，那末，對於所涉及的資產種類而言，便不會有任何現行的投資。④

根據上面的論述，投資的誘導部分地取決於投資需求表或曲線，又部分地取決於利息率。只有在第4編終了時，才有可能就其實際上的複雜性質來對決定投資量的各種因素作出全面的考察。然而，我要求讀者現在就注意到：一件資產的預期收益的數據或者該資產的資本邊際效率的數據既不能使我們推算出利息率⑤，又不能使我們推算出該資產的現在值。我們必須從一些其他來源來找出利息率，而只有做到這一點之後，我們才能通過資產的預期收益的"資本化"來決定一件資產的價值。

第二節　預期與風險

既定量的資本品的邊際效率取決於預期的改變⑥。理解這一點是重要的，因為，主要是這一依賴關係才使得資本邊際效率具有相當劇烈的波動，而這種劇烈波動可以解釋經濟周期。在下面的第十章中，我們將說明：資本邊際效率相對於利息率的波動可以被用來解釋和分析繁榮與蕭條的交替的行進。

有兩種類型的風險可以影響投資的數量。對這兩種風險一般並不加以區分，而區分它們卻是重要的。第一種是企業家或借款者的風險，它來自企業家或借款者對他自己希望得到的未來收益的可能性持有懷疑態度。如果人們係用自己的金錢從事冒險事業，那末，這便是所涉及的惟一的風險種類。

但當借款和放款的體制存在時，即當借款者對所借款項提供一定量的動產或不動產作為擔保時，這便涉及第二種風險，被我們稱之為放款者風險。放款者風險可以起因於道德不良造成的損失，即故意賴債或其他可能是合法的逃脫之計來不履行債務，也可能起因於缺乏足夠的擔保，即由於期望未能實現而造成的對債務的非自願性的賴債。還可以存在着第三種來源的風險，即由於貨幣購買力的降低而使放款不如不動產來得安全，雖然這種風險的全部或大部分已經被反映於、從而也被計算入不動產的價格之中。

第一種類型的風險在一定的意義上是一種實際的社會成本，雖然這種成本可以通過平均化或預期準確性的增加而得以減少。然而，第二種風險卻是對投資成本的一個純粹增加額，因為，如果借款者和放款者同為一人，那末，增加額便不會存在。不僅如此，這一增加額還代表企業家風險的一個部分，使得企業家在計算值得為之而進行的投資項目的最低預期收益時，除了在純粹利息率之上加進企業家原有的風險額以外，還要再加上這一增加額。其中的原因在於：如果一個投資項目帶有較大的風險，那末，借款者會要求在他的預期收益和他認為值得為之而支付的利息率之間具有較大的差距。與此同時，同樣的原因也使放款者要求在他所索取的利息率和純粹利息率之間具有較大的差距，以便誘使他進行放款（除非借款者的實力和富有程度大到使他能提供超過通常事例以外的擔保）。即使存在着能在借款者的心目中消除部分風險的非常有利後果的期望，這種期望也不會緩解放款者頭腦中的不安狀態。

　　資本邊際效率曲線是非常重要的，因為，對將來的預期之所以能影響現在主要是通過這一因素（比通過利息率遠為重要）。只有在靜態情況下⑦，才能主要以資本設備的現行的收益來對資本邊際效率加以解釋，而在這一靜態情況下，不存在着變動中的將來對現在的影響，從而其後果為：割斷今天和明天在理論上的聯繫。即使以利息率而論，它在實際上不過是現行的現象。如果我們把資本邊際效率也轉變成為同一現行類型的事物，那末，我們在對現行的均衡的分析中，就會割斷將來對現在的直接影響。今天的經濟理論往往以靜態假設作為前提這一事實使得經濟理論在很大程度上缺乏現實性。但在引入上面已經加以定義的使用者成本和資本邊際效率之後，經濟理論又回到現實中來；與此同時，又把它的需要修改之處限制在最低限度。

　　正是由於存在着耐久性的機器設備，所以經濟上的將來和現在能夠被聯繫在一起。因此，對將來的預期會通過久用性的機器設備的需求價格來對現在施加影響。這一說法符合並且反映了我們思想的一般原則。

今天的經濟理論往往以靜態假設
作為前提這一事實使得經濟理論
在很大程度上缺乏現實性。

---

① Q_1、$Q_2\cdots Q_n$。代表第1年、第二年…第n年後的預期收益。
—— 選編者

② 資本邊際效率曲線的圖形可以被表示如下：

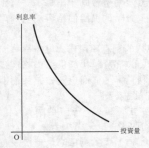

③ 把一年後的1英鎊折算成它的現在值的公式為：

1年後的1英鎊的現在值 $d_1 = \dfrac{1}{(1+\text{貼現率})^1}$

r年後的1英鎊的現在值 $d_r = \dfrac{1}{(1+\text{貼現率})^r}$

r年後的$Q_r\cdots\cdots$英鎊的現在值 $Q_r d_r = Q_r \dfrac{1}{(1+\text{貼現率})^r}$

如果一架機器（投資）在1年後、2年後…n年後的預期收益為
Q_1、$Q_2\cdots Q_n$。，那末，它的全部預期收益的現在值是：

$$\Sigma\, Q_r d_r = \frac{Q_1}{(1+\text{貼現率})^1} + \frac{Q_2}{(1+\text{貼現率})^2} + \cdots\cdots +$$

$$\frac{Q_n}{(1+\text{貼現率})^n} \tag{6.1}$$

上面(6.1)式中的 $\Sigma\, Q_r d_r$ 便是該機器的需求價
格。令需求價格和該機器的供給價格（或重置成本）相等，那末，供給價
格 $= \Sigma\, Q_r d_r$ $\tag{6.2}$

根據(6.2)而得出的貼現率即而資本邊際效率。——選編者

④ 如果在第(6.2)式中，把現行的利息率用作為貼現率，而由

此所得到的 $\sum Q_r d_r$ 的數值(需求價格)大於供給價格,這意味着,資本邊際效率大於利息率,從而投資是有利可圖的。於是,人們便會進行投資。當投資增加時,各年的Q會因之而下降,以致資本邊際效率也會同步下降,一直到它等於利息率時為止。這時,機器的供給價格等於它的需求價格。

如果在第(6.2)式中,把現行的利息率用作為貼現率,而由此所得到的 $\sum Q_r d_r$ 的數值(需求價格)小於供給價格,這意味着,資本邊際效率小於利息率,從而投資會蒙受虧損,人們便不會進行投資。——選編者

⑤ 利息率的決定將在第七章中加以論述。——選編者

⑥ 即取決於上一節説明的Q的改變。——選編者

⑦ 靜態是西方經濟學的一個名詞,該名詞指的是一個沒有時間(或時期)上的差別的狀態。——選編者

第 7 章

長期預期狀態

(《通論》第十二章)

　　選編者按：本章第一到第七節論述長期預期狀態。由於這一狀態被認為是取決於為數眾多的因素，特別是非理性的主觀因素，所以本章的論述不可能，也沒有得出肯定的結論。但是，有一個結論卻是比較肯定的，即長期預期狀態傾向於有着巨大的波動，從而導致資本邊際效率的劇烈波動。此外，本章前七節的重要性並不完全在於是否得出肯定的結論，而是由於另外的兩個原因：第一，凱恩斯強調預期對經濟分析的重大作用，而這一點卻為傳統的西方學者所忽視。預期的引入對以後的西方經濟學的發展起着關鍵性的影響。第二，凱恩斯對西方的股票市場提出了幾個精辟的觀點，其中的一部分成為目前西方對股票作"技術分析"的理論根源。在本章最後一節(第八節)中，凱恩斯結合長期預期狀態，指出了貨幣政策在解決失業和危機問題上的局限性和國家投資(財政政策)的必要性。本節是他以支離破碎的方式來論述政策問題的章節之一。

第一節　長期預期的重要性

我們在上一章中已經看到，投資數量取決於利息率與資本邊際效率之間的關係——有一個現行投資量，即有一個與之相應的資本邊際效率；而資本邊際效率的數值則取決於資本資產的供給價格和它的預期收益。在本章，我們將較為詳盡地考察決定資本資產的預期收益的一些因素。

對未來收益的預期部分取決於既存的事實，部分取決於將來的事件；前者被我們大致當作是肯定的，而後者則只能以或多或少的信心對之進行預測。在前者的既存事實中，可以舉出如各種資本資產的現有的存量、資本資產的總量、消費者目前對物品的需求的強烈程度以及對這些物品進行有效率的生產所需要的資本量的多寡，等等。在後者的將來事件中，可以舉出資本資產的種類和數量在將來的變動、消費者偏好的改變、在投資品的生命過程中的有效需求的強弱以及在同一過程中可能出現的以貨幣表示的工資單位的改變，等等。我們可以把包括後者全部內容的心理上的預期狀態概括為長期預期狀態——以便有別於短期預期，而根據短期預期，企業家可以進行估計：如果他在今天用現有的機器設備開始生產的話，他的產品能給他帶來多少

我們預期到會有大的變動，
但又對變動的具體形式感到很不肯定，
那末，我們的信心必然是微弱的。

好處。①

第二節　信心的重要性

在形成我們的預期時，如果對非常不肯定的事物賦予很大的比重，那將是愚蠢的。因此，有理由認為，預期在相當大的程度上取決於我們感到比較有把握的事實。雖然這些事實比我們對之感到模糊不清和缺乏了解的事實就面臨的問題而論具有較少的關係，我們還是看重比較有把握的事實。由於這一原因，現時存在的事實可以說是不成比例地進入我們長期預期的形成之中；我們通常的行事法則總是：根據現有的情況，然後把它延伸到將來；只有在我們多少有點肯定理由來預期到變化時，才對延伸作出修改。

作為我們決策基礎的長期預期狀態並不單純取決於我們所作出的具有最大可能性的預測。它也取決於我們對這一預測的信心——取決於我們對我們最好的預測變為錯誤的可能性的估計有多大。如果我們預期到會有大的變動，但又對變動的具體形式感到很不肯定，那末，我們的信心必然是微弱的。

對所謂信心狀態這一事物，務實的人總是對之加以最密切的注意。但經濟學者們卻並沒有對它進行仔細的分析,而且總是滿足於以空泛的辭令對其加以論述,特別是,論述並沒有明確指出:它在經濟問題上的重要性來自它對資本邊際效率的重大作用。影響投資量大小的下列兩個因素並不是全然無關的,即:資本邊際效率和信心狀態。信心狀態之所以重要,其原因在於:它是決定前者的主要因素之一,而前者和對投資的需求曲線又是同一事物。

然而,對於信心狀態,僅憑理論上的推想是沒有多大意義的。我們的結論必須主要取決於對現實市場和商業心理的考察。這就是為甚麼以下脫離正題的論述和本書的大部分相比,處於不同的抽象層次。

為了論述方便,在下面有關信心狀態的論述中,我們假設利息率不變,從而,在下面的各節中,我們把投資數量的改變看作僅僅取決於對未來收益的預期的改變而完全與未來收益賴之於資本化的利息率的改變無關。當然,利息率的改變的影響可以很容易地被加之於信心狀態的改變的影響之上。

第三節　股票市場對預期的影響

突出的客觀事實是:我們對未來收益進行估計

時所依據的知識是極端靠不住的。我們通常對決定投資項目在幾年後的收益的各種因素了解很少,並且往往根本缺乏了解。坦率地說,我們必須承認:對投資項目,如鐵路、銅礦、紡織工廠、有專利藥品的信譽、遠洋船舶、城市建築物等,我們所具有的賴之於估計它們在10年以後的收益的知識充其量也是很少,有的時候則根本沒有。甚至對投資在5年以後的收益也是如此。事實上,那些企圖認真進行這種估計的人,其數量往往少到如此程度,以致他們的行為對市場不起作用。

在過去的歲月中,那時的企業主要為那些創業者或創業者的朋友或合夥人所擁有,從而,那時的投資取決於是否存在着足夠多的具有活躍性格和事業動力的個人。這些人把從事企業當作生命的需要,而並不真正依賴於對企業未來收益的確切計算。雖然事情的最終結果主要取決於經營者的能力和品質,但是,它還是有點像買彩票。有些人遭受失敗;有些人取得成功。然而,即使在事後,也沒有人知道投資額的平均所得是否超過、等於或小於現行的利息率;雖然,如果我們把自然資源的開發和壟斷的情況排除在外,投資的實際平均所得,即使在前進和興旺時期,很可能會使那些為此而創業的人感到失望。企業家所進行的是一場技能和運氣兼而有之的遊戲；終局之後，參與者無從得知投資的平均所得為多少。如果人類的本性不受投機的誘惑，也不從建造工廠、鐵路、礦井和農莊中取得樂趣(除了取得利潤以外)，那末，僅憑冷酷的計算，可能不會有大量的投資。

在老式的私有企業中，投資決策在執行後大體上是不能收回的。這對整個社會和個人來說都是如此。在今天通行的所有權和管理權分離的情況下，隨着有組織的投資市場的形成，出現了一個很重要的新因素。它有時為投資提供方便，但有時也在很大程度上增加經濟制度的不穩定性。在證券市場不存在的條件下，對我們已經承諾的投資項目作出一次又一次的重新估價是沒有意義的。但證券交易所卻每天都對許多投資項目重新加以估價，而這種重新估價又經常向個人(雖然並不向整個社會)提供修改承諾的機會。這就相當於一個在早飯後記錄下天氣溫度的農民能決定在上午10至11時之間把資金從農業中提出，然後再考慮在幾天後投回到農業中一樣。然而，證券交易所每日的重新估價，雖然其目的主要在於為舊有的投資在個人間的轉手提供方便，卻對現在進行的投資量無可避免地施加決定性的影響。因為，如果建立一個新企業的費用大於購買一個類似企業的費用，那末，就沒有理由去建立

如果人類的本性不受投機的誘惑，
……僅憑冷酷的計算，
可能不會有大量的投資。

該新企業。與此同時，如果看上去像是耗資巨大的
投資項目的股票能在證券市場售賣出去並且還能立
即獲得利潤，那末，這種投資就具有吸引力。這
樣，某些種類的投資取決於股票價格所顯示的那些
在證券交易所從事經營的人的平均預期，而不取決
於實際經營企業的人的真正的預期。既然如此，那
末，那些影響重大的對既有的投資每日、甚至每小
時作出的重新估價是如何在現實中進行的？

第四節　成規對形成預期的作用

　　一般說來，在現實中，人們之間存在着默契，
大家都按照在實際上說是一種成規來行事。這一成
規的實質——當然，它在實際運行上並不如此簡單
——是：除非有明確的理由來期望事態的變動，否
則，我們會假定現行的情況永遠會繼續下去。這並
不意味着我們真正相信現行的情況會永無止境地延
伸。我們從大量的經驗中知道，這是很不可能的。
在長時期以後，一個投資項目的實際結果很少和最
初的預期一致。我們也不能給我們的行為提出合理
的解釋，從而認為：對一個完全缺乏信息的人而
言，他對前景作出偏高或偏低的預期具有相同的可
能性，從而，根據相同的概率，可以求出一個統計

學上的平均預期值。不能這樣解釋的原因在於，我們可以很容易地證明：對於缺乏信息的事物賦予相同的概率會導致荒謬的結果。這樣做就等於假設：現有的市場價值，不論是以何種方式形成的，卻代表惟一正確的數值。這一數值是根據我們現在所知的能影響投資收益的各種事實得出的，從而，它只能隨着我們所知的事實的變動而改變。然而，從哲學的觀點來看，這一數值並不是惟一正確的，因為，我們現在所知的事實並不構成充分的根據來計算出正確的數學期望值。事實上，許多在決定市場價值時所考慮之點是與未來收益完全無關的。

雖然如此，只要我們能信賴上述的成規會被維持下去，它在相當大的程度上有利於我們的事態的連續性和穩定性。

因為，如果存在着有組織的投資市場，如果我們能信賴該成規可以被遵守下去，那末，投資者便有理由使自己感到寬慰，相信他所承擔的惟一風險是：關於不久的將來的真正的信息會有所改變。因為，在成規得到遵守的條件下，只有這種改變才會影響他投資的價值，而關於改變的可能性，他尚可形成自己的判斷，同時，這種改變也不大可能很大。這樣，對投資者來說，投資在短期內成為相對"安全"的事情。因此，不論經歷多少個短期，只要

對於缺乏信息的事物
賦予相同的概率會導致荒謬的結果。

他相當肯定上述的成規不會中斷，從而在事態變為嚴重以前，他有修改決策和改變投資的機會，那末，投資仍然是相對"安全"的，他不會單純由於對他的投資在10年以後一無所知而失眠。在如此的條件下，對整個社會說來是"固定數量"的投資對個人來說成為"可變數量"。

我相信，我們的主要投資市場都是根據類似的思想基礎而被發展出來的。然而，不難看出，一個以如此隨意的方式來形成對事物的絕對觀點的成規不免帶有它的弱點，即它的靠不住的性質。這種性質給我們當前的要取得足夠多的數量的投資這一問題造成不少的困難。

第五節 成規易於變動的原因

加強這一靠不住的性質的一些因素，可以概述如下：

(1) 社會的總資本投資的一部分係為那些既不從事實際經營又對現在和將來不具備特殊知識的人所擁有。由於這一部分的投資在社會總投資中所佔有的比重逐漸增加，擁有投資和進行投資的人在估計投資的價值時所使用的真正知識的部分大幅度下降。

(2) 既有的投資的利潤經常作出暫時和無關緊要的波動。然而，這種波動趨於對市場施加遠為過分的影響，其影響甚至到荒謬的地步。例如，據說美國製冰公司的股票在夏天的價格高於冬天，因為，季節性使夏天的利潤高於冬天。全國性的節假日的多次出現可以使英國鐵路公司股票的市場價值提高數百萬英鎊。

(3) 作為對事態一無所知的群眾心理的後果，成規所決定的市場價值易於受到突如其來的看法改變的影響——看法改變可以是由於與未來收益的關係不大的因素——而作出劇烈的波動，其原因在於：群眾心理所決定的市場價值缺乏強有力的信賴基礎來使它得以保持穩定。特別在非正常時期，即使沒有明確的理由來期望變動，現有的事態能無限制地繼續進行下去的說法也比較難以令人置信。這時，市場會為樂觀情緒或悲觀情緒的浪潮所支配。這種浪潮是盲目的，但在一定意義上也是應該出現的，因為，這時並不存在用理性進行考慮的堅實基礎。

(4) 但是，這裏有一點特別值得我們注意。人們可能會設想：知識和判斷能力超越，一般投資者之上的市場專家們之間的競爭會矯正缺乏知識的個人的胡思亂想。然而，事實是：專業投資者和投機

**製冰公司的股票在夏天的價格
高於冬天，因為，
季節性使夏天的利潤高於冬天。**

者的精力和技能卻主要被用之於其他的地方。這些
人中的大部分在實際上所關心的主要並不在於對投
資項目的生命期間的可能的收益作出優質的長期預
測，而在於能比一般群眾早一點看到根據成規而得
出的股票市場價值的改變為何。他們所關心的不
是：像購買一項投資項目的股票並把股票長期保存
起來的人那樣，關心於這項投資真正值多少錢，而
是：在群眾心理的影響下，上述股票在3個月或1年
以後在市場上能值多少錢。必須說明，這種行為並
不代表思想怪僻。這是按照上述方式來組織投資市
場所帶來的必然後果。因為，如果你相信一個投資
項目的未來收益能使該項目在今天值30，如果你也
相信市場在3個月後使它的價值成為20，那末，用
25去購買該項目便不是明智的行動。

這樣，專業的投資者就被迫而致力於在新聞和
社會氣氛中來預測即將來臨的某些因素的改變，因
為這些因素被經驗證明為最能影響市場的群眾心
理。在一個以所謂"流動性"為目標來進行組織的投
資市場裏，② 這是一個不可避免的結果。在傳統的
理財的守則中，肯定沒有比流動性崇拜更加不利於
社會的條目。流動性崇拜的原則認為，投資機構把
資金集中用於購買"具有流動性"的證券是一件好
事，但是，它忘記了，對整個社會而言，卻不存在

投資的流動性。技巧高明的投資的社會目標應該是克服把將來遮蓋起來的由於缺乏信息和時間因素而造成的模糊不清之處。然而，在現實中，今天的最高明的投資的私人目標卻是被美國人表達得很恰當的"起跑在槍響之前"，以便在鬥智中勝過群眾，從而把壞的和被磨損了的錢幣脫手給他人。

不去預測在長期之後一項投資的未來收益，而僅僅對幾個月以後的社會成規用以決定股票價值的基礎加以預測——這種機智上的鬥爭甚至並不一定意味着把群眾的魚肉去充填專業經營者的腸胃；鬥爭可以在專業經營者之間進行。它也不意味着任何人盲目相信社會成規賴之以決定股票價值的基礎能在長期中適用。因為，鬥爭好像是一種"叫停"的遊戲，一種"傳物"的遊戲，一種"佔位"的遊戲——一種消遣；在其中，勝利者屬於不過早或過晚"叫停"的人，屬於在遊戲結束前能把東西傳給鄰近者的人，或在音樂停止前能佔有座位的人。這些遊戲可以玩得很有樂趣，雖然參與者都知道，有一個大家不要的東西在傳遞之中，而在音樂停止時，總會有一個沒有座位的人。

或者，把比喻稍加改變，專業的投資者的情況可以和報紙上的選美競賽相比擬。在競賽中，參與者要從100張照片中選出最漂亮的6張。選出的6張

在今天，根據真正的長期預期
而進行投資
已經困難到很難成為現實的程度。

照片最接近於全部參與者一起所選出的 6 張照片的人就是得獎者。由此可見，每一個參與者所要挑選的並不是他自己認為是最漂亮的人，而是他設想的其他參與者所要挑選的人。全部參與者都以與此相同辦法看待這個問題。這裏的挑選並不是根據個人判斷力來選出最漂亮的人，甚至也不是根據真正的平均的判斷力來選出的最漂亮的人，而是運用智力來推測一般人所推測的一般人的意見為何。在這裏，我們已經達到了第三個推測的層次；我相信，有人還會進行第四、第五和更多的層次。

讀者也許會提出問題：如果有一個技能高超的人，不受現在流行的辦法的影響，持續地根據他自己所能作出的最優的真正長期預期來進行投資，那末，他在長期中，肯定會從其他參與者那裏取得大量利潤。對於這一問題的答案是：首先，懷有這種認真態度的人是存在的，而且，這種人的影響是否能勝過那些玩弄遊戲的人對投資市場而言是關係重大的。但是，我們也必須看到，在現代的投資市場上，存在着許多因素，使得這種人的影響縮小。在今天，根據真正的長期預期而進行投資已經困難到很難成為現實的程度。那些企圖這樣做的人肯定要比那些試圖以超過群眾的精確程度來猜測群眾的行為的人花費遠為更多的精力並且會冒更大的風險。

在智力相同的情況下，前者可能要犯較多的災難性
的錯誤。從經驗中還找不出明確的根據來表明：對
社會為有利的投資也是利潤最大的投資。克服時間
和我們對將來缺乏信息所造成的困難要比"起跑在槍
響之前"需要更多的智力。其次，生命的期間是不夠
長的——人類的本性需要快速的成果；在快速賺錢
方面，存在着特殊的熱情，而較長時期以後的收益
會被一般人大打折扣以後才使它變為現在的價值。
對於那些完全沒有賭博本能的人來說，專業化的投
資固然討厭和緊張到令人不能容忍的程度，然而，
那些有賭博本能的人卻願意為此付出應有的代價。
再其次，忽視市場在近期內的波動的投資者為了安
全起見需要較多的資金，從而，不能充分利用借來
的款項從事規模足夠大的經營——這是另一個理由
來說明，為甚麼在相同的智力水平和資本數量下，
玩遊戲的人會得到較大的報酬。最後，在投資基金
由人數眾多的委員會、董事會或銀行所管理的情況
下，在現實在招致最多的批評的人恰恰是其中的最
能促進社會利益的長期投資者。因為，在一般人的
心目中，他的行為基本上應該是偏執的、不合潮流
和魯莽的。如果他獲得成功，那末，這只會肯定一
般人對他的魯莽的評語。在短期中，如果他遭受很
可能要有的失敗，那末，他不會得到多少同情與憐

從經驗中還找不出明確的根據
來表明：對社會為有利的投資
也是利潤最大的投資。

憫。世俗的智慧教導人們：就人們的聲譽而言，合乎成規的失敗要優於不合乎成規的成功。

(5) 到目前為止，我們所論述的主要是投機者或投機的投資者自己所具有的信心狀態。我們的論述有可能使人感到，我們已經暗中作出假設，即：只要投機的投資者對前景感到滿意，他可以按照市場利息率借到任何數量的款項。實際情況當然不是如此。於是，我們必須對信心狀態的其他方面也加以考慮，即考慮放款機構對向它借款的人的信心，有時也被稱為信用狀態。信心和信用狀態二者中的任何一個的低靡不振便足以導致股票價格的崩潰，從而給資本邊際效率帶來災難性的後果。雖然二者中的任何一個的低靡不振足以造成經濟崩潰，然而，經濟復甦卻要求二者同時上揚。因為，信用的衰微足以造成經濟崩潰，但是，它的加強卻僅僅是復甦的必要條件，而不是充分條件。③

第六節　過度投機的有害作用

上述的種種考慮之點都不應被置之於經濟學者的視野之外。但是，考慮它們時卻應有輕重緩急之分。如果我用投機一詞來表示預測市場心理的活動，而用從事企業一詞來表示預測資產的整個生命期間的未來收益，那末，現實情況遠不能表明：投機的成分總是大於從事企業的成分。然而，當投資市場的組織改善時，投機大於從事企業的危險確實會加大。在世界上最大的投資市場之一，即紐約，投機（在剛才説的意義上）的影響是巨大的。甚至在金融領域之外，美國人總是傾向於對找出一般人所相信的東西感到異乎尋常的興趣，而這一整個國家的弱點就是股票市場對它所施加的報應。人們説，美國人不像許多英國人仍然在做的那樣，是為了取得"股息"，從而，美國人除去為了得到股票升值的好處以外，不太願意購買股票。這不過是用另外一種方式來説：當美國人購買股票時，他並不把希望寄託於得到股票的未來收益，而是寄託在企業股票市場價格的上漲。就是説，在上述意義上，他是一個投機者。如果投機者像在企業的洪流中漂浮着的泡沫一樣，他未必會造成禍害。但是，當企業成為投機的旋渦中的泡沫時，形勢就是嚴重的。當一國資本的積累變為賭博場中的副產品時，積累工作多半是幹不好的。以把華爾街當作一個其社會功能可以使新投資按照未來收益流入最有利渠道的機構而論，該街所獲得的成功程度不能被認為自由放任的資本主義的典範——這並不值得奇怪，如果我下面所説的是對的話；我所説的是：華爾街的最好的頭

**當企業成為投機的旋渦中的泡沫時，
形勢就是嚴重的。**

腦卻在事實上被引導到一個與其社會功能不同的目
標。

這些脫離社會功能的傾向是在成功地組織起"具
有流動性"的投資市場之後所帶來的不可避免的後
果。人們通常同意：為了社會利益，應該使賭場難
於進入並且使進入的代價昂貴。相同的話對股票交
易所說來，也許仍然是對的。倫敦證券交易所的禍
害之所以能少於華爾街，其原因主要並不在於民族
特點的差異，而在於：對一般的英國人而論，和一
般美國人進入華爾街相比，進入斯羅格莫頓街是非
常困難和昂貴的。附加在倫敦證券交易所進行經營
的費用，如介紹費、高額的經紀人費用以及向英國
財政部繳納的大量的轉手稅，可以減少市場的流動
性(雖然每二周結賬一次的辦法具有方向相反的作
用)；這在很大的程度上使帶有華爾街的特點的交易
不能存在。據說，當華爾街交易旺盛時，股票買賣
的至少一半以上屬於投機者企圖在同一天內把買轉
變為賣、或把賣轉變為買的交易。在商品交易所
中，情況也往往如此。對一切交易，政府施加相當
高額的轉手稅可能是最切實可行的改進辦法，以便
在美國減少投機壓倒企業經營的可能性。

現代投資市場的奇怪局面使我傾向於這種主
張：使購買證券成為永久性的事物；像婚姻一樣，

除了死亡和其他嚴重原因以外，不能解約。這也許
是治理當代弊端的一個有效手段，因為，它可以迫
使投資者考慮長期的前景。然而，對這一解決辦法
稍加思索又使我們看到一個難題，即：雖然要求投
資具有流動性有時會有害於新投資的產生，但它卻
往往也對新投資的產生有利。此中的原因在於：每
個投資者會自以為他投入的資金"具有流動性"(雖然
對所有的投資者在一起而言並不如此)；這一事實可
以給投資者壯膽，從而使他比較願意承擔風險。如
果投資者所投入的資金被弄成不具有流動性，那
末，只要存在着個人保持儲蓄的其他方式，投資不
具有流動性就會嚴重損害新投資的產生。這就是上
述的難題。只要個人能夠以貯藏或放款的方式來處
理他的財富，那末，除非存在着一個能使投資的資
產很容易轉換成現款的有組織的市場，購買投資資
產的方式就不會具有足夠的吸引力(特別是對那些不
直接經營和沒有這一方面知識的人來說，更是如
此)。

　　醫治這種影響現代社會經濟生活的信心危機的
惟一極端方法是使個人在消費掉他的收入和購置具
體的資本資產之間沒有選擇的餘地。即使這些被購
置的資本資產對他來說很難能被算作最有利的投資
方式時，也應這樣做。可能出現這樣的情況，即：

**我們的大多數決策很可能起源於
動物的本能————一種自發的
從事行動、而不是無所事事的衝動。**

當他對前途處於異常的疑慮狀態時，疑慮會使他增加消費和減少投資的比重。即使如此，這卻會使他在異常疑慮狀態時能避免那種災難性的、自我加重的和影響深遠的手段來把他的收入既不用於消費，也不用於投資。

那些強調貯藏現款對社會所帶來的危害的人們當然懷有和上述相類似的想法。但是，他們卻忽視了危害在其他條件下出現的可能性；那就是：即使貯藏現款的數量不變，或改變的數量微少，危害也會出現。

第七節　行為的非理性動機

除了投機所造成的經濟上的不穩定性以外，人類本性的特點也會造成不穩定性，因為，我們積極行動的很大一部分係來源於自發的樂觀情緒，而不取決於對前景的數學期望值，不論樂觀情緒是否出自倫理、苦樂還是經濟上的考慮。關於結果要在許多天後才能見出分曉的積極行動，我們的大多數決策很可能起源於動物的本能————一種自發的從事行動、而不是無所事事的衝動；它不是用利益的數量乘以概率後而得到的加權平均數① 所導致的後果。不論各個企業以何種坦率而真誠的程度來宣稱：它們從事經營的主要動機已由企業的組織章程所説明；它們在實際上不過是把它們的動機假裝成為如此而已。事實上，根據對將來的收益加以精確計算後而作出的經營活動只不過比南極探險的根據稍多一些。因此，如果動物的本能有所減弱而自發的樂觀精神又萎靡不振，以致使我們只能以數學期望值作為從事經營的根據時，那末，企業便會萎縮和衰亡──雖然對企業的前景看好和看壞的根據和以前沒有甚麼不同之處。

我們有把握説：對將來懷有希望而興辦的企業對整個社會有利。但是，只有當合理的計算結果由於動物本能而得到加強和支持時，個人主動性才會大到能興辦企業的地步。在個人主動性得到動物本能的加強和支持下，那種往往使創業者意志消沉而為經驗所表明的最終要失敗的想法會被放在一邊，正如健康的人把對死亡的預期放在一邊一樣。

不幸的是：上述情況不僅會加深蕭條和危機的程度，而且還使經濟繁榮高度依賴於對一般工商業者合適的政治和社會氣氛。如果對英國工黨政府和美國新政的恐懼會抑制從事企業經營的話，其原因可以既不在於合理計算的結果，也不在於具有政治意圖的策劃──原因可以僅僅在於破壞了自發的樂觀狀態的微妙平衡。因此，在估計投資前景時，我

**根據對將來的收益加以精確計算後
而作出的經營活動只不過比
南極探險的根據稍多一些。**

們必須考慮到決定自發活動的那些主要人物的膽
略、興奮程度、甚至消化是否良好和對氣候的反
應。

我們不應據此而得出結論,認為一切都取決於
非理性的心理浪潮。恰恰相反,長期預期狀態往往
是穩定的,而且,當它不穩定時,其他因素會施加
補償性的影響。我們不過是在這裏提醒我們自己:
不論在個人事務、還是在政治和經濟問題中,影響
着將來的人的決策都不可能單純取決於精確的數學
期望值,因為,進行這種計算的基礎並不存在。推
動社會的車輪運行的正是我們內在的進行活動的衝
動,而我們的理智則在我們能力所及的範圍內,在
能計算的時候,加以計算,以便作出最好的選擇;
但以動機而論,我們的理智卻往往退回到依賴於我
們的興致、感情和機緣的地步。

第八節　貨幣政策的局限性和國家通過
財政政策進行投資的必要性

此外,還存在着一些重要的因素以某種方式在
現實中減輕我們由於對將來缺乏知識而造成的影
響。由於計算複利的作用,再加上隨着時間的進展
而很可能出現的老化,許多投資項目的主要考慮之

點是能否用比較近期的未來收益所收回。以期限很
長的投資中的一個重要類別，即建築物而論，風險
經常可以從投資者那裏被轉移到住房者的身上，或
者被二者分攤；其手段是通過長期契約，而長期契
約可使住房者感到契約的連續性和有房子住的保障
所帶來的有利之處會大於冒風險的程度。以長期投
資的另一個重要類別，即公用事業而論，未來收益
中的相當大的部分在實際上已經為壟斷特權和按照
獲取一定利潤率而定價的權利所保證。最後，還有
一個日趨重要的由政府進行的或由政府承擔風險的
投資類別。在進行這種類別的投資時，政府顯然只
考慮社會的將來的利益，而不管投資的商業效益會
有多大的波動，也不拘泥於使投資收益的數學期望
值至少應等於現行利息率——儘管政府所要支付的
利息率仍然會起着關鍵的作用來決定它的財力所及
的投資的規模。

這樣，在充分顧及到長期預期狀態在短期內改
變（以便和利息率的改變相區別）的影響的重要性之
後，我們仍然有理由把利息率當作至少在正常條件
下能影響投資的重大因素，雖然並不是決定性的因
素。然而，只有經驗才能證明：在何種程度上，控
制利息率能夠持續地刺激投資，使它處於合適的水
平。

控制利息率能夠持續地刺激投資，
使它處於合適的水平。

　　以我自己而論，我對僅僅用貨幣政策來控制利
息率的成功程度，現在有些懷疑。我希望看到的
是：處於能根據一般的社會效益來計算出長期資本
邊際效率的地位的國家機關承擔起更大的責任來直
接進行投資，因為，根據我在上面已經加以論述的
原則來計算出的各種資本邊際效率的市場估計值似
乎很可能具有過分大的波動，以致利息率的任何能
實現的改變都不足以抵消這種波動。

----

① 在凱恩斯的理論體系中，投資被認為是影響經濟活動的最
　　重要的因素，而對經濟前景的長期預期是決定投資量的一
　　個重大方面；與此同時，短期預期僅僅涉及既定資本設備
　　下的經營行為。因此，長期預期在影響經濟活動的波動上
　　比短期預期更為重要。─選編者
② 這裏的"流動性"主要指把資產能被售賣掉來得到現款的難
　　易程度，特別就出售掉股票來得到現款而言。越容易換取
　　到現款，"流動性"越大。──選編者
③ 這裏的意思是：雖然企業家可以借到投資所需要的款項（即
　　信用），但是，由於對經濟前景信心不足（即資本邊際效率
　　很低），他未必願意進行投資。──選編者
④ 指數學期望值。──選編者

第 *8* 章

利息論

(《通論》第十三到第十七章)

選編者按：本章第一節說明凱恩斯的利息論，即利息率係由貨幣的需求和供給所決定。前者根源於流動性偏好，而後者的數量可以由國家，特別是通過國家的公開市場業務的政策所控制。由於後者已經是當時西方經濟學者的共認，所以他對此不多論述，一筆帶過。第二節對流動性偏好作出分析。第三節論述流動性偏好與貨幣數量的關係，即對他的利息論作出較詳細的說明。在第四節的內容為對傳統利息論的錯誤的最概略的說明。因為，凱恩斯對傳統利息論的批判牽涉到許多技術問題；對一般讀者而言，不但在理解上會有困難，而且似乎也無此必要。由於這一原因，第四節僅僅在最概略的層次上說明傳統的利息論的錯誤之處，以及它的現實意義。

第一節　利息率取決於流動性偏好和貨幣數量

我們已經説明：雖然存在着使投資量上升或下降的因素以便使資本邊際效率等於利息率，然而，資本邊際效率本身與現行利息率卻是不同的東西。資本邊際效率曲線 (或表) 可以被認為是為了進行新投資而需要借進資金的人所願意支付的代價，而利息率則代表現行的提供資金的代價。因此，為了使我們的理論完整，我們必須知道，決定利息率的是甚麼。

對於這一問題，我們的答案是甚麼？

要想完全體現出一個人的心理上的時間偏好，必須作出兩種不同的決策。第一種涉及到被我稱之為消費傾向的那個時間偏好的方面。在本書所陳述的各種動機的影響之下，消費傾向發生作用來決定每個人把其收入的多大部分用之於消費，又把其收入的多大部分以某種支配權形式加以保存，以備將來的消費之用。①

一旦作出這個決策，他還必須作出另一個決策，即：他以何種形式來持有對將來的消費的支配權。不論對他的現行收入還是對他過去的儲蓄而言，他都要作出這個另一決策。他是否準備把將來消費以具有瞬息流動性的支配權的方式(即貨幣或類似貨幣的東西)加以保持?或者,他是否準備在一定的期限和非固定的期間內放棄這個支配權的瞬息流動性,而聽任將來市場情況來決定:在必要的時候,他能以何種比例來把他對某些物品的延期支配權轉換成對一般物品具有瞬息流動性的支配權?②換言之,他的流動性偏好的程度有多大?在這裏,一人的流動性偏好係用此人在各種不同的情況下願意以貨幣形式加以保存的其資產的價值(用貨幣來加以衡量)。

顯然應該看到,利息率不可能是儲蓄的報酬或被稱之為等待的報酬。③因為,如果一人把他的儲蓄以現款的形式貯藏起來,雖然他的儲蓄量和不以此方式保存的儲蓄量完全相同,他卻賺取不到任何利息。恰恰相反,僅憑利息率的定義本身就能告訴我們,利息率是在一個特定期間內放棄流動性的報酬。因為,利息率不過是一筆錢去除它的報酬而得到的比例,其中的報酬係來自在規定的時間內放棄對這筆錢的控制來換取相應的債權這一事實。

由此可見,由於利息率是放棄流動性的報酬,所以在任何時期的利息率都能衡量持有貨幣的人不願意放棄流動性的程度。利息率並不是能使對投資資金的需求量和自願放棄目前的消費量趨於均衡的

"價格"，④ 而是能使以現金形式持有財富的願望和現有的現金數量相平衡的"價格"——這就意味着：如果利息率具有較低的數值，即如果放棄現金的報酬有所降低的話，那末，公眾想要持有的現金量就會超過現有的供給量；如果利息率被提高了的話，那末，就會出現無人願意持有的多餘現金。假使這種解釋是正確的，那末，貨幣數量便是另一個因素來和流動性偏好在一起決定在既定條件下的利息率的高低。流動性偏好是一種潛在的力量或函數關係的傾向，而這一潛在力量或函數關係的傾向可以決定在利息率為既定數值時的公眾想要持有的貨幣數量。這樣，如果 r 代表利息率，M代表貨幣數量，L代表流動性偏好，那末，我們可以得到 $M=L(r)$。這可以表明貨幣數量在何處並以何種方式來進入經濟體制之中。

然而，在這裏，我們回過頭來考察一下，為甚麼像流動性偏好那樣的事物能夠存在。關於這一點。我們可以運用早已存在的對用作為現行業務交易的貨幣和對用作為財富貯藏手段的貨幣之間的區別加以說明。以這兩種使用方式的第一種而論，顯然可以看到，在一定限度內，為了流動性而犧牲一定數量的利息是值得的。但是，從另一方面看來，既然利息率從來不具有負數值，為甚麼人們寧可用收益很少和沒有利息的形式來持有他的財富，而不用能賺取利息的方式來持有它呢（在這裏，我們當然假設不賺取利息的銀行存款和賺取利息的債券具有相同的風險）？應該在這裏指出一個必要的條件。如果沒有這一條件，作為貯藏財富的手段而造成的對貨幣的流動性的偏好是不能存在的。⑤

這一必要條件便是：存在着對將來的利息率的不肯定性，即：不能肯定將來的各種期限系列的市場利息率的數值。因為，如果能肯定預期到一切將來時間的市場利息率，那末，一切將來時間的市場利息率都可以根據現在的不同期限債券的利息率而被推算出來，因為，現在不同期限的債券利息率會根據已知的將來時間的市場利息率而作出相應的調整。

我們在上面論述的流動性偏好可以被認為是取決於：(1) 交易動機，即：由於個人或業務上的交易而引起的對現金的需要；(2) 謹慎動機，即：為了安全起見，把全部資產一部分以現金的形式保存起來；(3) 投機動機，即相信自己比一般人對將來的行情具有較精確的估計並企圖從中謀利。類似我們在論述資本邊際效率時所説的那樣，有組織的證券交易市場的存在的必要性給我們提出一道難題。因為，在缺乏有組織的市場的情況下，由於謹慎動機

**有組織的市場的存在又會為來自
投機動機的流動性偏好
提供大幅度漲落的條件。**

而形成的流動性偏好會大為增加；而與此同時，有
組織的市場的存在又會為來自投機動機的流動性偏
好提供大幅度漲落的條件。

我們可以對此加以進一步的説明：假設除了考
慮到利息率的改變對收入的影響以外由於交易動機
和謹慎動機的流動性偏好所吸收的貨幣數量對利息
率的改變不太敏感，從而，貨幣數量的總量減去上
述被吸收的數量後的剩餘部分，可以被用來滿足來
自投機動機的流動性偏好，那末，利息率和債券的
價格會被定於如此的水平，而處於這種水平，某些
人所願意持有的現金(因為，處於該水平，他們對債
券的將來價格具有"空頭"的想法)正好等於可以被用
來滿足投機動機的貨幣數量。在如此的情況下，每
一次貨幣數量的增加必然能把債券的價格提高到足
夠的程度以便使價格高出某些"多頭"的預期值，並
且使他們出售債券來換取現金，從而加入"空頭"的
行列。⑥ 然而，除了短暫的期間以外，如果來自投
機動機的對貨幣的需求是微不足道的，那末，貨幣
數量的增加幾乎立即會把利息率降低到必要的程
度，以致能提高就業量或工資單位的數量到足夠的
水平來通過交易動機和謹慎動機而把增加的貨幣數
量吸收淨盡。⑦ 一般説來，我們可以假設：表明貨
幣數量與利息率之間的關係的流動性偏好曲線是一

條平滑的曲線；該曲線表明：隨着貨幣數量的增加，利息率下降。

現在，我們已經把貨幣第一次引入我們的因果環節之中，而對貨幣數量的改變如何對經濟制度發生作用，我們作了初步的窺視。⑨ 然而，如果我們據此斷言：貨幣是刺激經濟制度活躍起來的酒，那末，我們必須提醒自己，在酒杯和嘴脣之間還有幾個易於滑脫的環節。其原因在於：其他條件相同，雖然貨幣數量的增加可能使利息率下降，但是，如果群眾的流動性偏好的增加大於貨幣數量的增加，那末，貨幣數量的增加就不能使利息率下降。此外，其他條件相同，雖然利息率的減少可能增加投資數量，但是，如果資本邊際效率曲線的下降比利息率的減少更快，那末，利息率的減少就不能增加投資數量。還有，其他條件相同，雖然投資量的增加可能增加就業量，但如果消費傾向下降，那末，投資量的增加就不能增加就業量。最後，如果就業量增加，那末，價格將在一定程度內上升；上升的程度部分取決於物質供給函數的形狀，部分取決於以貨幣衡量的工資單位是否易於提高。當產量已經增加，價格已經上升時，這對流動性偏好的影響是：為了維持一定數值的利息率所需的貨幣數量必須加大。

貨幣是刺激經濟制度活躍起來的酒。

第二節　對流動性偏好的分析

現在，我們必須以比較詳盡的方式來對已經加以初步論述的流動性偏好的動機加以分析。

然而，在分析這些動機時，仍然有必要把它們區分為不同的類別。第一種類別大致相當於收入存款和業務存款，而後兩種類別則相當於儲蓄存款。對於這些類別，我已在本章第一節中加以概述，並把它們區分為交易動機(這可以進一步被區分為收入動機和業務動機)、謹慎動機和投機動機。

(1) 收入動機。持有現款的理由之一是為了在兩次收入之間的支付之用。這一動機能導致人們作出持有一定量現款的決策；該動機的強弱程度主要取決於收入的多寡以及兩次收入之間的正常期間的長短。在嚴格的意義上，只有在這一場合，貨幣的收入流通速度的概念才是適用的。

(2) 業務動機。同樣，企業也持有現款，以備在得到售貨款之前支付業務開支；經營者所持有的在進貨和售出之間作支付之用的現款也屬於這一種類。這種需求的強弱程度主要取決於現行的產量的價值(從而取決於現行的收入)以及售賣產品時所需要經過的環節。

(3) 謹慎動機。為了應付突然需要支付現款的

偶然事件以及意外的有利的購買機會。為了持有貨
幣價值不變的資產（即貨幣）以便償付將來的貨幣價
值額為固定的債務也是持有現款的另一個動機。

　　所有上述三種動機的強弱程度均部分地取決於
需要現款時以某種暫時借貸的方式取得現款的代價
的高低和可靠性，特別是銀行透支或類似透支方式
的代價和可靠性。因為，如果需要現款時能毫無困
難地取得現款，那末，就沒有保持閒置不用的現款
的必要。上述三種動機的強弱程度也取決於被我們
稱之為持有現款的相對成本這一名詞。如果持有現
款的代價是犧牲掉對有利可圖的資產的購買，那
末，這就會增加成本，從而削弱持有一定量現款的
動機。如果存款可以得到利息，或者，持有現款可
以免除銀行所收取的費用，那末，這便會減少成
本，從而加強持有現款的動機。然而，除非持有現
款的成本具有很大的變動，這很可能只是一個次要
的因素。

　　(4) 還剩下一個投機動機。對此，要比對其他
動機加以更為仔細的論述，其原因一方面在於一般
人對投機動機的理解並不充分，另一方面在於，該
動機在導致貨幣數量的改變所造成的後果上，具有
特殊的重要性。

　　在正常情況下，滿足交易動機和謹慎動機所需

要的貨幣量主要取決於整個經濟制度的一般活動和貨幣收入的水平。然而，正是由於能利用投機動機的作用，所以對貨幣數量的控制(或者，在不加控制的情況下，貨幣數量的自我變動)才能施加對經濟制度的影響。因為，由於前兩個動機而引起的對貨幣的需求除了對一般經濟活動和收入的實際水平的變動作出反應外，並不受其他因素的影響，而經驗表明：為了滿足投機動機而引起對貨幣需求的總量卻呈現出隨着利息率的不斷改變而繼續作出改變的狀態；就是說：存在着一條具有連續性的曲線，該曲線能顯示出滿足投機的貨幣需求量的變動和債券或其他債務證券的價格變動之間的關係。⑨

的確，如果不存在這種關係，那末，"公開市場業務"就會是不現實的。我在上面指出，經驗已經表明上述的具有連續性的關係的存在，其理由在於：在正常情況下，整個銀行制度在實際上總是能夠在市場上通過少量地提高(或降低)債券價格來購買(或出售)債券以便換取現款。銀行制度想要通過購買(或出售)債券或債務證券而創造(或消除)的現款數量越多，利息率的下降(或上升)就越大。當然，在公開市場業務的買賣僅限於期限很短的債券的地方(如1933-1934年間的美國)，它的影響主要限於期限很短的利息率，而對遠為重要的長期利息率則具有很小的作用。

第三節　流動性偏好與貨幣數量的關係

雖然個人所決定的滿足交易動機和謹慎動機的現款數量與他所持有的滿足投機動機的現款數量並不完全無關，然而，作為第一近似值的大致説法，我們具有充分理由把這兩種現款持有量當作彼此獨立無關的事物。因此，在進一步的分析中，我們以上述方式來對我們的問題進行區分。

用M_1來表示滿足交易動機和謹慎動機所持有的現款數量，M_2表示滿足投機動機所持有的現款數量。相應於這兩種類別的現款，我們會有兩種流動性偏好函數L_1和L_2。L_1主要取決於收入水平，而L_2則主要取決於現行的利息率和預期狀態之間的關係。這樣：

$$M = M_1 + M_2 = L_1(Y) + L_2(r)$$

在這裏，L_1為相當於Y收入的流動性偏好函數，該函數中的Y決定M_1，而L_2是利息率(r)的流動性偏好函數，該函數中的r決定M_2。由此可見，需要考察的事物有三：(1) M的改變對Y和r的關係；(2) 甚麼決定L_1的形狀；(3) 甚麼決定L_2的形狀。

(1) M的改變對Y和r的關係首先取決於M的改變是由何而來。假設M為金幣所構成，從而M的改變只能來自金礦開採的成果的增長，而金礦業又處於我們所考察的經濟制度之內。在這一場合，M的改變首先直接與Y的改變有關，因為，新開採出的黃金總會成為某些人的收入。如果M的改變係來自政府為了償付現行開支而增發的紙幣，那末，後果與上述相同——在這一場合，新發行的紙幣也會成為某些人的收入。雖然如此，新的收入卻不會高到M的增加量完全變為M_1時的水平，因為M的增加量的一部分會被用於購買債券或其他資產。這種狀況會繼續存在，一直到r已經降低到如此的水平；處於這一水平，r的降低在一方面所造成的M_2的增長以及r的降低在另一方面通過Y上升所造成的M_1的增長等於M的全部增長量時為止。可以看到，這一事例相當接近於下述的另一事例，即：要想發行更多的新貨幣，必須首先放寬銀行制度的信用條件，[⑱] 以便誘使某些人向銀行出售債券來換取新發行的現款。

因此，我們有足夠的理由來把後者當作典型的事例，M的改變可以被認為是能影響r的，而r的改變會部分地通過M_2的改變和部分地通過Y的改變，從而通過M_1的改變導致出新的均衡。處於新的均衡位置，新增加的現款（新增加的M）在M_1和M_2之間的分配將取決於投資對利息率的降低所作出的反應，

以及收入對投資的增加所作出的反應。由於Y部分
地取決於r，所以M的一定量的改變必然會使r具有
足夠程度的變動，以便使M_1和M_2所作出的改變的總
和等於M的上述定量的改變。

(2) 貨幣的收入流通速度究竟應被定義為Y與M
之間的比例，還是應被定義為Y與M_1之間的比例，
人們往往不加以明確的規定。然而，我建議使用後
一個定義。用V來代表貨幣的收入流通速度，則：

$$L_1 (Y) = \frac{Y}{V} = M_1$$

當然，我們沒有理由認為：V是一個常數。它
的數值取決於銀行業務和工業組織的特點，取決於
社會習慣、取決於不同階層之間的收入分配，以及
取決於持有閒置不用的現款的實際代價。雖然如
此，如果我們所考慮的是短期，如果我們有把握來
作出假設，認為所有這些因素都沒有實質上的改
變，那末，我們可以把V大致當作為是一個常數。⑪

(3) 最後，還有M_2與r之間的關係問題。我們在
上一節中已經看到：對於利息率在將來的變化的不
肯定性是惟一的合理的解釋來說明為甚麼人們持有
代表流動性偏好L_2的現款M_2。因此，一定量數值的
M_2和一定量數值的r之間並沒有固定的數量關係—
在這裏，人們所注意的不是r的絕對水平，而是r的

絕對水平偏離被認為是比較安全的r數值的程度，其中的比較安全的r的數值係通過概率被計算出來。雖然如此，還存在着兩個理由認為：在既定的預期狀態下，r的下降會導致M_2的上升。[12]首先，如果一般人對甚麼構成安全的r的看法沒有改變，那末，r的下降會使市場利息率作出相對於"安全的"利息率的減少，從而增加放棄流動性來持有債券的風險加大。第二，r的下降會減少放棄流動性而持有債券所獲得的收益；這種收益可以被看成是一種保險賠償金，用來抵消由於利息率的變動而造成的債券價值上的虧損；利息率的下降會使這種賠償金減少，其數值等於新舊利息率的平方之間的差距。例如，如果長期債券的利息率為4%，那末，除非在權衡得失的概率以後，害怕長期利息率的上升會超過本身的4%，即每年上升.16%，否則，就應犧牲流動性來持有債券。[13]然而，如果利息率已經低到像2%的地步，那末，每年的利息收入所能抵消的利息率上升的幅度僅為每年.04%。這也許是阻礙利息率下降到很低水平的主要原因。除非人們有理由相信將來的情況會與過去大不相同，那末，已經低到(譬如說)2%的利息率會使他們對利息率在將來上漲的害怕心情大於對其下降的希望，同時，這種低水平的利息率所能提供的利息收入只能補償很小程度的利息率的上漲。

由此可見，利息率是一個具有高度心理作用的現象。我們將在本節以後的部分中看到：它的均衡值不會低於它相應於充分就業時的水平；因為，當它處於低於充分就業的水平時，真正的通貨膨脹就會出現，其後果為：M_1 總會吸收掉日益增加的現款。但當利息率高於它的相應於充分就業的水平時，長期市場利息率不僅取決於貨幣當局的現行政策，而且也取決於市場對貨幣當局的將來政策的預期。短期利息率易於為貨幣當局所控制，一方面的原因在於，貨幣當局不會有困難來使人們相信在很短時期內它的政策不會有很大改變；另一方面的原因是，（除非利息收入接近於零）債券價值的損失和利息收入相比是微小的。但是，一旦長期利息率降低到人們根據過去經驗和現在對將來的貨幣政策的預期而普遍認為的"不安全的"水平時，它便比較難於維持。例如，在一個採用金本位的國家中，如果利息率低於其他金本位國家，那末，這會被認為是由於信心不足而造成的暫時現象。然而，卻可以把該國的利息率人為地提高到與金本位國家中最高的利息率（除去風險以後）相等的程度，遠遠高出與國內的充分就業不相容的地步。⑭

這樣，被公眾認為是試驗性的或易於變動的貨幣政策可以達不到大量減少長期利息率的政策目

利息率是一個具有高度心理作用的現象。

標，因為，當r處於某一既定水平之下時，r的減少會使M₂作出幾乎是無限制的增長。另一方面，如果同一種政策被公眾認為是合理的、有現實性的、有利於社會的、具有堅強信念的，而且不易改弦易轍的，那末，該政策可以很容易地獲得成功。

與其說利息率是一個具有高度心理作用的現象，更加準確的說法也許是，它是一個高度遵循成規的現象。因為，它的數值在很大程度上取決於流行的觀點認為它應該是多少。任何一個被足夠大的信念認為會持久不變的利息率將會持久不變。當然，在一個易於變動的社會中，由於種種原因，圍繞着這一持久不變的數值，還會有上下的波動；特別是當M₁的增長比M的增長為快時，利息率會上升；反之，利息率會下降。然而，上下波動所圍繞的水平卻可以在數十年中長期高於充分就業所應有的利息率數值；特別是，如果流行的觀點認為，利息率是會自行調節的，從而，社會成規所決定的利息率水平被當作具有比社會成規遠為堅實的客觀原因，那末，這樣一來，在公眾和經濟當局的心目中，就業量之所以沒有達到最優的數值，與利息率所停留的不合適的水平完全無關。

至此，讀者不難看出，要想把有效需求維持在足以保證充分就業的高度，其困難在於，在共同決定有效需求的因素中，長期利息率係由社會成規所決定並且具有相當大的穩定性，而資本邊際效率則易於變動並且還是非常不穩定的。

從樂觀方面加以考慮，惟一值得寬慰的希望在於，正是由於社會成規並不根源於確切的知識，所以它對貨幣當局持續而一貫的有限度的政策措施往往不會過分加以阻撓。社會的共識能相當迅速地適應利息率的溫和的下降，從而，在下降後的基礎上，社會成規對將來的預期也會作出相應的調整；這樣，就為進一步的下降鋪設道路——然而，只能在一定的範圍內才能如此。英國在脫離金本位後的長期利息率的下降為此提供了一個有意義的例證——利息率的主要變動是通過一系列間斷性的下降而得以實現的；隨着利息率每一次的下降，公眾的流動性偏好函數逐漸與之相適應，從而在心理上作好準備，以便能對再一次下降的信息或當局的政策的刺激作出反應。

第四節　有關貨幣政策局限性的論述

我們可以把上述一切總結成為下面的命題：處於任何既定的預期狀態，群眾的頭腦中存在着某種滿足交易動機和謹慎動機以外的持有現款的潛在願望，而由於這一願望而持有的現款數量取決於貨幣

利息率的主要變動是通過
一系列間斷性的下降而得以實現的。

當局把貨幣創造出來時的利息率。流動性偏好函數
L_2所總結的正是這種潛在願望。

因此，在其他條件相等的情況下，相應於貨幣
當局所創造出的每一數值的貨幣量，存在着一個已
被決定的利息率，或者，更嚴格地説，存在着一整
套已被決定的不同期限債券的市場利息率。

如果貨幣當局準備按照具體的利息率來買賣一
切期限的債券，或者，更確切地説，如果貨幣當局
準備買賣一切不同程度的風險的債券，⑱那末，在
一整套利息率和貨幣數量之間就會存在着直接關
係。一整套的利息率不過表示銀行制度準備購買或
出售債券的條件；而貨幣數量則構成個人手中所持
有的貨幣——個人對一切有關情況加以考慮之後，
寧願持有具有流動性的現款，而不願意按照市場利
息率所表示的條件，用現款來購買債券。在貨幣管
理的技術上，最重要的可行的改善之處也許是由中
央銀行按照規定的價格買賣一切期限的優質債券，
而不是按照單一的銀行利息率買賣短期票據。

然而，在今天的現實中，銀行制度能決定債券
價格的"有效程度"在不同的體制規定之間存在着差
異。有時，對價格的控制在一個方向比在另一個方
向要更為有效。就是説，銀行制度可以按照某種價
格購買債券，但卻未必願意在買價之上加進一小筆

轉手費來出售債券，從而使買價和賣價盡可能地接近。當然，借助於公開市場業務的使用，沒有理由認為，價格控制在兩個方向不能都是有效的。還存在着一個更為重要的不足之處，即：貨幣當局總是不願以相同的經營態度來看待所有的不同期限的債券。在現實中，貨幣當局往往集中於短期債券，而使短期債券的價格對長期債券價格施加為時已晚和不完整的影響；當然，在這裏可以再一次看到，並不存在着當局必須這樣做的理由。當這些有限的條件發生作用時，利息率和貨幣數量之間的直接關係會受到相應的影響。在英國，當局有意控制的範圍似乎正在擴大。但在應用這一理論於任何具體的場合時，必須顧及到貨幣當局在現實中所使用的政策的特點。如果貨幣當局僅僅經營短期債券，那末，我們必須考慮到短期債券的現在和將來的價格對長期債券所施加的影響。

由此可見，貨幣當局對不同期限和風險的債券建立一整套利息率的能力具有某些限度。這些限度可以被總結為下列各點：

(1) 來自貨幣當局的限度，因為在現實中，貨幣當局僅願經營某一種特殊種類的債券。

(2) 存在着一種可能性，即：當利息率已經降低到某種水平時，流動性偏好幾乎變為絕對的，其

**1932年金融危機時，
幾乎沒有人會受到合理的利息率的
引誘而與他所持有的貨幣相分離。**

含義為：幾乎每個人都寧可持有現款，而不願持有債券，因為，債券所能得到的利息率太低。在這一場合，貨幣當局會失掉它對利息率的有效控制。[⑯]雖然這個極端場合在將來可以成為重要的事態，但迄今為止，我還沒有看到具體的事例。由於大多數的貨幣當局不願意大膽地買賣長期債券，所以沒有多少可以實際檢驗這一事例的機會。此外，如果這一情況當真出現，那末，它意味着，政府本身可以按照極為低微的利息率向銀行制度無限制地借款。

(3) 由於流動性偏好曲線變成水平線[⑰]或垂直線形狀的這一原因，利息率完全失去穩定性的最顯著的事例曾經在很不正常的情況中出現。在第一次世界大戰以後的俄國和中歐；它們都經歷過通貨危機或逃避通貨的現象。那時，不論以任何條件，都無法誘使人們保持紙幣或債券，而處於對貨幣價值日益下降的預期狀態，甚至很高或上升的利息率也不能趕上資本(特別是囤積商品)的邊際效率的增長。在1932年的某些時期存在着相反的情況——金融危機或流動性的危機；那時，幾乎沒有人會受到合理的利息率的引誘而與他所持有的貨幣相分離。

(4) 最後，還存在着把有效的利息率降低到一定數值之下的困難，而這種困難在利息率數值低微的時期可以是舉足輕重的。困難包括把借款者和放款者拉攏到一起的費用，以及放款者所要求的在純粹的利息率之上還要添增補償風險的費用，特別是有關賴債等涉及商業道德的風險的費用。當純粹的利息率下降時，這並不表明上述的費用和風險會隨之下降。由此可見，典型的借款者所必須支付的借款利息率可以比純粹利息率下降得更慢，從而，使現有的銀行和金融機構無法把借款利息率壓低到某種最低水平之下。如果對商業道德風險的估計佔有相當比重，那末，這一點就變為特別重要；其原因在於，當風險來源於放款者懷疑借款者是否誠實可靠時，即使在意圖上是誠實可靠的借款者也無法減少取得借款的高額費用。這一點在短期借款 (例如，向銀行借款) 的場合也很重要。在這一場合，借款費用是沉重的——即使放款者的純粹利息率接近於零，銀行還會向它的顧客索取1.5%到2%的費用。

第五節　對傳統利息論的錯誤的最概略的說明

古典學派的利息率理論是甚麼？它是哺育所有我們這些人的一種經濟思想，而直到最近，我們對它還完全加以接受。然而，我發現，要想把它準確陳述出來卻是困難的，或者，要想在現代古典學派

**當人們進行儲蓄時，
人們就自動完成了
使利息率下降的行動。**

的權威著作中找到對它的明確的論述也是困難的。

然而，相當明確的是：古典學派的傳統把利息率當作能使對投資的需求和意願的儲蓄保持均衡的因素。投資代表對可投入的資金的需求，而儲蓄代表它的供給；與此同時，利息率則是能使二者相等的資金的"價格"。正和商品的價格必然處於使對它的需求等於對它的供給之點一樣，所以利息率也必然在市場力量的作用下，處於能使投資量和儲蓄量相等之點。

上述種種並不能逐字逐句地在馬歇爾的《經濟學原理》中找到。然而，他的理論似乎就是如此；別人以此教我，我在許多年中也以此教別人。拿他的《原理》中的下面一段話作為例子："由於利息率是在任何市場上使用資本而支付的價格，所以它趨於走向一個均衡水平；處於該水平，市場在該水平的總投資量等於在該水平的資金總供給量。"

由傳統學說哺育出來普通人——銀行家、公務員或政治家——以及受過專門訓練的經濟學者當然已經接受了傳統思想。他們認為：當人們進行儲蓄時，人們就自動完成了使利息率下降的行動，而這又會自動刺激資本的生產。他們認為：利息率正好下降到如此的程度，以致由此而導致的資本的產量的增長正好等於儲蓄的增加量。不僅如此，他們還認為，這是一個自我控制的調節過程，這種過程會自動發生，不需要任何特殊的干預行動，或者不需要貨幣當局的祖母般的照顧。同樣地——這甚至在今天還是一個更為普遍的信念——每一次添增投資的行動必然會提高利息率，如果這種提高沒有被儲蓄傾向的改變所抵消的話。

現在，上面幾章的分析應該能清楚地說明：這種對上述事物的解釋肯定是錯誤的。

傳統的分析是錯誤的，因為，它未能把經濟制度的自變量正確地分離出來。投資與儲蓄是為經濟制度所決定的因素，而不是決定經濟制度的因素。它們是經濟制度中的決定因素所導致的後果；這些決定因素是消費傾向、資本邊際效率曲線（或表）和利息率。這三個決定因素本身確實是複雜的，而且每一個都會由於其他兩個因素的變動而受到影響。但是，在其數值不能相互被推算出來的意義上，三者仍然是自變量。傳統的分析覺察到儲蓄取決於收入，但它卻忽視了收入取決於投資這一事實。收入取決於投資的意義為：當投資改變時，收入必然會以如此的程度作出必要的改變以致能使儲蓄的改變等於投資的改變。

讀者會很容易地理解到：在這裏所論述的問題具有最基本的理論上的意義和頭等的實踐上的重要

**投資與儲蓄是為經濟制度所決定的因素，
而不是決定經濟制度的因素。**

性。其原因在於：經濟學者賴以對實際問題提出建
議的經濟學原理在實質上一向總是認為：其他條件
相等，消費的減少會趨於降低利息率，而投資的增
加會把它提高。但是，如果上述二者所決定的不是
利息率，而是就業總量，那末，我們對整個經濟制
度的運行機構的看法便會有着重大的改變。在其他
條件不變的情況下，如果把消費願望的減退不當作
是增加投資的因素，而看成為是減少就業量的因
素，那末，這就代表對消費願望減退的看法有着很
重大的差異。⑱

---

① 即把一部分的收入儲蓄起來。——選編者
② 在這裏，放棄瞬息流動性的支配權係指股票、債券等不能
　立即用購買商品的票據；具有瞬息流動性的支配權係指活
　期存款、現鈔等。——選編者
③ 傳統的西方經濟學沿襲馬歇爾的說法，把利息當作為等待
　將來的消費的報酬。——選編者
④ 傳統西方經濟學的利息率認為，利息率是使投資資金的需
　求和投資資金的供給（即儲蓄）相等的價格。——選編者
⑤ 按照西方經濟學者普遍接受的說法，除非存在着一定的理
　由（即這裏所說的條件），合乎理性的人不會犧牲掉得到利
　息或其他收益的好處而把現款閒置於手中。——選編者
⑥ 當貨幣數量增加時，利息率便會下降；利息率的下降意味
　着債券價格的提高。當債券價格高到一部分的"多頭"（即文
　中所說的某些"多頭"）所期望的最高水平時，他們便認為以

後的債券價格不可能再行上升，而只能下降。此時，他們
會出售債券，賺取債券的高價所帶來的利潤。另一方面，
他們會把變賣債券所得到的現款存放在手中，以等到債券
價格下降(意味着利息率的上升時)，低價收購，待價格再
度上升時出售，獲取利潤。由於他們持有現款，等待價格
下降。所以文中說他們"加入'空頭'的行列"。──選編者

⑦ 上句話係就貨幣數量的增加額正好使債券價格上升到某種
程度；處於這種程度，上句話所說的"某些'多頭'"由於出
售債券而得到的現款正好等於貨幣數量的增加額。這僅僅
代表一種現實的情況。

本句所指的是另一種情況，即：貨幣數量的增加額很大，
而債券價格上升所導致的"某些'多頭'"由於出售債券而持
有的現款(即文中所說的"來自投機動機的對貨幣的需求")
又為數甚微。此時，按照凱恩斯的意思，貨幣數量增加額
減去"來自投機動機對貨幣的需求"以後的多餘部分會使利
息率下降；下降的利息率(在資本邊際效率不變的條件下)
又會增加投資，從而使國民收入增加。根據凱恩斯的理
論。國民收入會增加到某種水平；處於這一水平，交易動
機和投機動機所導致的對貨幣的需求的增加量正好等於上
述貨幣數量增加額的多餘部分，因為，交易動機和謹慎動
機所引起的對貨幣的需求量被認為是主要取決於國民收
入。──選編者

⑧ 因為，貨幣數量的改變會引起利息率的改變，而在相同的
資本邊際效率的情況下，這會使投資量，從而使國民收入
發生變化。──選編者

⑨ 這裏所說的"債券或其他債務證券的價格"實際上係指利息
率而言。──選編者

⑩ 在這裏，主要指降低利息率(或提高債券價格，因為，降低
利息率和提高債券價格在西方金融市場上幾乎是相同的事
物)。──選編者

⑪ 這意味着，凱恩斯認為，L_1的形狀基本上不取決於r(利息率)，
而取決於Y(國民收入)，也就是說：$L_1 = L_1(Y)$。──選編者

⑫ 這就是凱恩斯在(3)中企圖説明的主要之點。——選編者

⑬ 這裏以永久性的長期債券(即每年給予一定量利息直到無窮的期限)為例。假設該債券每年支付的定量利息為10元。購買(或持有)該債券的好處有二:其一,每年得到10元的利息;其二,如果市場利息率下降(意味着債券市場價格上升),那末,把該債券賣掉可得到價格的差額。但是,購買該債券也有不利之處,即:萬一市場利息率上升(意味着債券價格下跌),購買者也會蒙受價格下降帶來的虧損。因此,只有當購買者認為,價格下降帶來的虧損小於每年的利息時,他才會購買債券。這可以用具體數字加以説明:在債券的年利息為10元的情況下,如果市場利息率為4%,

則債券的市場價格 $= \dfrac{10}{.04} = 250$ 元。

假設利息率上升到 $(.04＋.04^2 = .04＋.0016) = .0416$.市場價

格: $= \dfrac{10}{.0204} \doteqdot 240$ 元,

二者的差額 $= 250-240 = 10$ 元,如果差額大於年利息,人們不會購買該債券。

如果市場利息率為2%,則債券的價格 $= \dfrac{10}{.02} = 500$ 元。

假設利息率上升到 $(.02+.02^2 = .02+.0004) = .0204$,市場價

格 $= \dfrac{10}{.0204} \doteqdot 490$ 元,二者的差額 $= 500-490 = 10$ 元,如果差額大於年利息,人們不會購買該債券。

由此可見,利息率低時(2%)所能容許的利息率波動幅度小於利息率高時(4%)的情況(見狄拉德,《凱恩斯的經濟學》,第179頁)。——選編者

⑭ 在這裏,凱恩斯所關心的主要是長期利息率,特別是長期利息率太高,以致影響對機器設備等固定資本項目的投資,從而增加失業。他企圖説明,通過貨幣政策來壓低長期利息率是比較困難的(見狄拉德,《凱恩斯的經濟學》,第178-181頁)。——選編者

⑮ 按照具體的利息率來買賣債券就等於說，按照具體的價格
來買賣債券。——選編者

⑯ 這即是西方學者所說的情況。——選編者

⑰ 這裏所說的變成水平線的情況是指"流動性陷阱"而言。
——選編者

⑱ 因為，按照傳統的利息論，消費的減少會增加儲蓄，從而
導致利息率下降，而利息率的下降又會增加投資量。換言
之，消費的減少不會導致國民收入的下降以及失業問題。
與此不同，凱恩斯的理論表明，由於消費是國民收入的一
個組成部分，它的下降不但不會使利息率下降，從而引起
投資的上升，反而會造成國民收入的下降和失業問題。
——選編者

第 9 章

對《通論》理論框架的總結

(《通論》第十八章)

選編者按：本章第一節區別理論框架的既定因素、自變量和因變量。第二節說明在既定的因素所構成的情況下，自變量如何影響或決定因變量。第三節以這一理論框架為根據論述失業問題存在的原因。這三節的大體內容已經在本書"選編者前言"的第三部分"《通論》的理論體系和主旨"中加以說明，這裏不再重複。

雖然《通論》的主旨在於尋找失業問題的原因和對策，但是，在《通論》總結性的第十八章中，他既沒有談論貨幣政策，也沒有提及財政政策。正如我們屢次指出的那樣，政策方面以支離破碎的形式出現。在具有總結性的第十八章中，他的最接近於政策的表白是："我們的最終任務在於：在我們置身於其中的經濟制度中，選擇出那些政府經濟當局能按照意圖加以控制或管理的變量"。對此，讀者應加注意。

第一節　對既定因素、因變量
和自變量的説明

現在，我們已經達到能把我們論證的各個論點加以綜合之處。首先，我們分辨清楚在經濟制度中，哪一些是通常被我們當作既定的因素，哪一些是我們經濟制度中的自變量，以及哪一些是因變量。

被我們當作既定的是，現有的技能和勞動量、現有設備的質量和數量、現有的技術水平、競爭強烈的程度、消費者偏好和習慣、不同強度勞動的負效用、監督與組織活動的負效用以及社會結構。社會結構包括下面所列舉的各個變量以外的決定國民收入分配的各種力量。這並不意味着，我們假設這些因素固定不變，而僅僅是説，在我們所涉及的範圍內，我們不考慮、也不探求它們的變動所造成的影響和後果。

我們的自變量為：消費傾向、資本邊際效率曲線（或表）以及利息率。正如我們已經看到的那樣，這些變量還可以加以進一步分析。

我們的因變量為：就業量和國民收入。

被我們當作既定的因素會影響我們的自變量，但並不決定它們。例如，資本邊際效率曲線部分取

我們可以說，
國民收入取決於就業量。

決於既存的設備數量，而後者是既定的因素之一；
資本邊際效率曲線也部分取決於長期預期狀態，而
後者又不能根據既定的因素得以測定。但還有另一
些因素，這些因素完全由既定因素所決定，以致我
們也可以把這些被決定的因素看成是既定的。例
如，既定的因素使我們能推斷出來相當於既定水平
的就業量的國民收入為多少，從而，在被我們當作
既定的經濟制度的框架內，我們可以說，國民收入
取決於就業量，即取決於現行的用之於生產的勞動
量；其含義為，在二者之間存在着具體的統計學上
的相關關係。此外，既定的因素還使我們可以推斷
出總量供給曲線的形狀；該曲線體現了各種不同物
品的供給的物質條件——即對應於每一有效需求水
平的用於生產的就業量。最後，既定的因素可以向
我們提供勞動（或努力）的供給函數，從而，可以使
我們知道，特別是在哪一點之後，整個勞動的就業
函數不再具有彈性。

　　然而，資本邊際效率卻部分地取決於既定的因
素，又部分地取決於不同種類資本資產的預期收
益。與此同時，利息率則部分取決於流動性偏好的
狀態（即取決於流動性偏好函數），又部分取決於以
工資單位來衡量的貨幣數量。由此可見，我們有時
可以認為，我們的最終的自變量包括：(1) 三個基本

的心理因素，即心理上的消費傾向、心理上的對流動性的態度以及心理上的對資本資產的預期收益的估計，(2) 僱主和被僱者之間討價還價所決定的工資單位，以及(3) 中央銀行的行動所決定的貨幣數量；因此，當上述因素 (或變量) 具有既定值時，這些變量決定國民收入和就業量。當然，這些變量可以加以進一步的分析；它們並不是各自獨立的最終因素。

把決定經濟制度的事物區分為既定的因素和自變量這兩組類別，從任何絕對的觀點來看，當然帶有很大的隨意性。區分的標準只能完全憑借經驗，以便把變動非常緩慢或對我們研究的問題關係很小以致短期內施加微不足道的影響的因素區分為既定因素的類別，而把那些在變動時對我們的問題施加決定性的實際影響的因素歸入自變量的類別。我們現在的目標是，尋找在任何時期中，甚麼因素決定一個既定的經濟制度的國民收入以及 (幾乎為相同的事物) 就業量。在對像經濟學那樣複雜的研究中，我們不可能作出完全精確的具有一般性的結論，而只想找出那些其變動能對我們的問題具有主要作用的因素。我們的最終任務在於：在我們置身於其中的經濟制度中，選擇出那些政府經濟當局能按照意圖加以控制或管理的變量。

消費量的改變和收入的改變
大體保持相同的方向。

第二節 自變量對因變量的決定

現在，我們試圖把過去各章的論點綜合在一起。在進行綜合時，各因素出現的順序與它們在書中出現的順序相反。

市場上存在的投資的誘導可以誘使新投資達到某一數量；當新投資達到這一數量時，每種資本資產的價格和它的預期收益在一起可以使總的資本邊際效率大致等於利息率。就是說，資本品行業中的物質的供給條件、對預期收益所具有的信心狀態、對流動性偏好的心理上的態度以及貨幣數量在一起決定新投資量。

但投資量的增加或減少會帶來消費量的增加（或減少），因為，公眾行為的特點是，只有在人們的收入增加（或減少）時，他們才願意擴大（或縮小）他們的收入和他們的消費量之間的差額。就是說，消費量的改變和收入的改變大體保持相同的方向（雖然前者的數量較小）。一定的儲蓄的增加量和必然與它相伴隨的消費增加量這二者的關係可以由邊際消費傾向加以表明。根據邊際消費傾向而得到的投資增加量和與它相對應的國民收入的增加量之間的比例可以由投資乘數加以表明。

最後，我們可以用投資乘數去乘由上面已經說過的各因素所決定的投資的增加量(或減少量)，以便推知就業的增加量。

然而，就業量的增加(或減少)會提高(或減少)流動性偏好曲線(或表)。這樣，就業量的增加會增加對貨幣的需求量，其原因有三：第一，當就業量增加時，即使工資單位和價格保持不變，產量的價值會得以增加；第二，當就業量增加時，工資單位本身會趨於增加；以及第三，由於短期中成本的增加，所以產量的增加會引起價格的上升。

由此可見，上述各種關係的反應可以影響均衡的位置，同時還會有其他的關係的反應。此外，在上述各種自變量中，沒有一個不是可以隨時改變而又不顯示出多少改變的預兆；同時，有時改變的程度還很大。由此可見，現實事件的運行是極端複雜的。儘管如此，把這些自變量孤立出來似乎還是有用和方便的。如果我們按照上面論述的理論框架來考察現實問題，那末，就可以使問題比較易於掌握，而與此同時，我們對現實的直覺和預感(它們所考慮的事實比一般的理論所能處理的要更為複雜和具體)賴以發生作用的不可捉摸的各個方面和角度會得以減少。

**充分或甚至大致充分的就業量
是少有的和短時存在的現象。**

第三節　失業問題持續存在的原因

上面就是對《通論》的總結。但是，經濟制度中的實際現象也由於消費傾向、資本邊際效率和利息率的特徵而呈現出不同的特點。關於這些特點，我們可以根據經驗事實把它們如實總結出來，然而，它們沒有邏輯上的必然性。

具體說，我們生活於其中的經濟制度的一個顯著特點為，雖然它在產量和就業量上具有大幅度的波動，但是，它並不是非常不穩定的。確實，它似乎可以在相當長的時期中停留於在正常狀態以下的經濟活動水平，而又不顯示出任何趨於復甦或趨於完全崩潰的傾向。此外，實際例證表明，充分或甚至大致充分的就業量是少有的和短時存在的現象。波動能夠以相當明確的姿態開始，但在它已經達到很極端的幅度以前，似乎逐漸地把它自己消耗淨盡。既非絕望，又非滿意的中庸情況是我們的正常狀態。正是由於波動在到達極端以前把自己消耗淨盡，而最終又使自己回過頭來，所以才能建立起我們的經濟周期理論的有規律性的階段。同樣的事實也存在於價格。在價格對出現的干擾作出反應之後，似乎總是可以暫時停留於一個相當穩定的水平。

由於這些經驗中的事實並沒有邏輯必然性，我們必須設想，現代世界的境況和心理傾向必定具有如此的特點，以致能製造出這種結果。因此，有必要考慮，甚麼樣的心理傾向會導致出穩定的經濟制度；然後，再考慮，根據已知的現代人類的本性，這樣的心理傾向是否會存在於我們生活的世界之中。

根據上述分析要想解釋對現實世界的觀察結果，需要下列穩定條件：

(1) 邊際消費傾向必須處於如此的狀態，以致當社會的產量由於對它的既有的資本設備使用較多（或較少）的就業量而增加（或減少）時，表明產量和就業量二者之間比例的乘數的數值大於1，但數值並不很大。

(2) 資本邊際效率曲線必須處於如此的狀態，以致當資本的預期收益或利息率有所變動時，新投資數量的改變不會與前兩個因素的變動過於不成比例；就是說，資本的預期收益或利息率的溫和的變動不會造成非常巨大的投資量的改變。

(3) 當就業量改變時，貨幣工資趨於作出同方向的改變，但貨幣工資的改變不會和就業量的改變過分不成比例；就是說，就業量的溫和的改變不會造成非常巨大的貨幣工資的改變。這實際上是有關價格穩定的條件，而不是有關就業的穩定條件。

（4）第四點與其說是為經濟制度的穩定性提供條件，還不如說是為波動在朝着一個方向變動到適當程度後自行扭轉方向提供條件。就是説，如果在一段時期中，投資量持續大於（或小於）過去，那末，它就會有助於減少（或增加）資本邊際效率，而且，在以年為衡量單位的時期中，減少或增加都不會具有很大的數值。

（1）我們的第一個穩定性條件——即乘數的數值大於1，但又不會很大——是一非常可能的人性的心理特徵。當實際收入增加時，對目前的需要的壓力會減退，而超過已經形成的生活水平的限度則會增加；當收入減少時，相反的後果會出現。由此可見，當就業量增加時，現行的消費量會得以擴大，但擴大的程度要少於由於就業量的增加而引起的收入的全部增加量；這是一件自然而然的事——無論如何，對整個社會平均來説是如此。此外，就個人平均來説是對的東西，就政府來説也很可能是對的；特別是處於這樣一個時代，日益為甚的失業的增長往往迫使國家從借來的款項中提供救濟，情況更是如此。

不論這一條心理上的規律是否能被讀者根據先驗的理由認為是可信的，我們肯定，如果該規律不能成立，那末，經驗提供的現實情況就會大不相同。因為，在該規律不能成立的情況下，不論多麼微小的投資量的增加會引起一系列自我擴大的有效需求的增加，一直到達到充分就業之點時為止；與此同時，投資量的減少會引起一系列自我擴大的有效需求的減少，一直到所有的人都失業時為止。然而，經驗表明，我們卻一般處於中間性的地位。這並不是説，不可能存在着一個範圍，在該範圍內，不穩定性確實起着主要作用。但如果是這樣的話，該範圍很可能是狹隘的，而在範圍之外的上下兩方，我們的心理規律無可置疑地會發生作用。還有，顯然也可以看到，乘數的數值雖然大於1，但在正常的情況下，它並不非常之大。因為，如果它是非常之大的話，那末，一定量的投資的改變會引起消費量的巨大改變（只受到充分和零值就業量的限制）。

(2) 我們的第一個條件可以保證，溫和的投資量的改變不會引起對消費品需求的無限制的巨大改變。與此同時，我們的第二個條件則可以保證，資本資產的預期收益的溫和改變或利息率的溫和改變不會引起投資量的無限制的巨大改變。由於使用現有數量的設備而大幅度地擴大產量會引起成本遞增，現實的情況很可能如此。確實，如果我們在開

**投資量的減少會引起一系列
自我擴大的有效需求的減少。**

始時具有大量多餘的可用於生產資本資產的資源，
那末，在一定的範圍內，可能存在着相當程度的不
穩定性。但是，當資源的大部分已被使用淨盡後，
這種情況就不復存在。此外，這一事實也為預期收
益的迅速變動所引起的不穩定性規定了限制範圍；
預期收益的迅速變動係來自商業心理的急劇波動或
來自劃時代的新發明——當然，限制範圍更多地趨
於防止向上，而不是防止向下的方面。

(3) 我們第三個條件符合我們對人類本性所具
有的經驗。其原因在於，正如我們在過去已經指出
的那樣，維持貨幣工資的鬥爭基本上是維持高額的
相對工資的鬥爭。當就業增加時，這種鬥爭很可能
會在實際事例中得以加強；其原因一方面在於勞動
者的討價還價的地位會有所改善，另一方面也在
於，他工資的遞減的邊際效用和他已經改善了的經
濟上的寬鬆程度使他易於承擔風險。儘管如此，這
些動機只在一定限度內發生作用；勞動者不會由於
就業量增加而企求過多的貨幣工資的增加，也不會
由於避免失業而容忍貨幣工資的大量削減。

在這裏，我們再度面臨與上述相類似的情況：
不論這一結論是否能根據先驗的理由而被認為是可
信的，經驗表明，這種心理規律必須在實際上發生
作用。否則，如果失業工人之間的競爭總是會造成

貨幣工資的大量削減，從而會出現價格水平的巨大
的不穩定性。此外，還可能出現除了充分就業以外
不會具有穩定均衡的事例；其原因在於，工資單位
可以無限制地下降，一直達到如此的水平；在該水
平，貨幣數量的巨大改變在壓低利息率上的作用足
以恢復充分就業。這樣，除了充分就業以外，穩定
不變的位置不可能存在。

（4）我們的第四個條件與其說是關於穩定性，
還不如說是關於蕭條和復甦階段的交替存在。該條
件所假設的情況不過是，資本資產具有不同的使用
壽命；它們會隨着時間的推移而受到耗損並且不都
具有很長的使用年限。據此，如果投資量降到某一
最低水平之下，那末，只要其他因素沒有很大的波
動，資本邊際效率會上升到足夠的程度來使投資量
恢復到這個最低水平之上；在這裏，資本邊際效率
的上升僅僅是時間問題。同樣，如果投資量處於一
期比前一期為高的狀態，那末，除非其他因素作出
補償性的變動，資本邊際效率會下降到足夠的程度
來導致一次蕭條狀態的出現；在這裏，資本邊際效
率的下降也不過是時間問題。

由於我們的第四個條件，復甦與蕭條能夠在前
三個條件所規定的限度內發生。如果這些有限度的
復甦與蕭條持續足夠長的時間而又不受到其他因素

**貨幣數量的巨大改變
在壓低利息率上的作用
足以恢復充分就業。**

的干擾，那末，即使這些有限度復甦與蕭條也會造成方向相反的逆轉運動，一直到同樣的力量再度逆轉運動的方向時為止。

由此可見，我們的四個條件在一起足以解釋我們經驗中的突出特點——即我們的制度會上下波動，但又在上下兩個方面避免就業和價格處於嚴重的極端狀態，而只是圍繞着一個中間性位置來行進。這一中間性位置在相當大的程度上處於充分就業之下，卻又在相當大的程度上處於在其下會使該制度的生存受到威脅的最低就業水平。

但我們不能據此而作出結論，認為這一中庸之道係由"自然的"傾向性所決定——即決定於只要沒有旨在於對其作出改正的措施就會持續下去的那些傾向性，從而，中庸之道會被認為是由必然性的規律所建立。事實上，上述四個條件的不受阻撓的統治不過是觀察到的現實世界的過去和現在的狀況，而不是不能更改的必然性的原則。

第 *10* 章

略論經濟周期

(《通論》第二十二章)

選編者按：凱恩斯把資本邊際效率的變動以及它與利息率的相對高低當作為造成經濟周期的主要原因。從這裏可以看到，為甚麼正如西方國家現在所做的那樣，必須用降低利息率的政策來制止經濟衰退，以及為甚麼這種政策又不能完全奏效。本章第二節的結尾部分說明了凱恩斯主張"投資社會化"的一個主要理由。

第一節　資本邊際效率的變動與經濟周期的關係

在以往的各章中，由於我們宣稱，我們已說明了決定任何時期的就業量的是甚麼，所以，如果我們是正確的，那末，我們的理論必須能解釋經濟周期的現象。

如果我們詳細考察任何一次實際的經濟周期的過程，那末，我們會發現，它非常複雜，而且，為

如果我們是正確的，那末，我們的理論必須能解釋經濟周期的現象。

了對它作出完整的解釋，我們所論述過的每一因素都是必要的；特別是，我們將會發現，消費傾向的波動、流動性偏好狀態的波動以及資本邊際效率的波動都起着各自的作用。但我認為：經濟周期的基本特徵，特別是能使我們稱它為周期的時間過程和時間長短的規律性，主要是由於資本邊際效率的波動。我相信，經濟周期最好應被當作係由資本邊際效率的周期性的變動所造成；當然，隨着這種變動而到來的經濟制度中的其他重要短期變量會使經濟周期的情況變為更加複雜和嚴重。

周期性的變動是指，當一個經濟制度發展到，譬如說，上升的方向時，促使其上升的各種因素最初積聚力量並且相互推動一直到某一點；在該點，它們趨於為作用相反的因素所代替，而這些相反方向的因素又在一段時期中積聚力量並且相互推動一直到它們也抵達它們的最大發展之處，然後，趨於衰落並且讓位於作用相反的因素。這裏所說的周期性的變動並不僅僅指上升或下降的趨向；它們一旦得以開始，並不永遠按照同一方向行進，而是最終把方向逆轉回來。此外，它還指變動的時間的序列以及上升與下降的期間都具有某種可以被識別的程度的規律性。

然而，要想使我們的說明符合要求，被我們稱

之為經濟周期的另一特點必須加以解釋，即解釋危
機的現象——下降的傾向代替上升傾向的過程總是
以突然和劇烈的形式出現；而另一方面，當上升的
傾向代替下降的傾向時，一般說來，總是沒有一個
類似的急劇的轉折之點。

當然，如果沒有相應的消費傾向的改變與之抵
消，那末，任何一次投資的波動都會造成一次就業
的波動。由於投資量是一個受到高度複雜的影響的
變量，所以影響投資量本身或影響資本邊際效率的
一切因素不大可能全都具有周期性的特點。雖然如
此，我還是認為，以發生於19世紀環境中的典型的
工業經濟周期而論，資本邊際效率的波動應該具有
周期性的特點。這裏的原因無論就其本身而言，還
是就其作為解釋經濟周期的因素而言都不是陌生
的。我在這裏的惟一目的僅在於把它們和過去論述
的理論結合起來。

第二節　對經濟周期過程的解釋

我進行論述的最好方式是從繁榮階段的最後時
期和"危機"的到來時期開始。

我們在上面已經看到，資本邊際效率不僅取決
於現有的資本品數量的多寡和生產它現在所需要的

任何一次投資的波動
都會造成一次就業的波動。

成本，而且也取決於對資本品將來收益的現行的預
期。因此，對耐久性的資產而言，對將來的預期在
決定新投資的最優規模上自然、而且是理所當然地
起着決定性的作用。但正如我們已經看到的那樣，
這種預期的依據是非常捉摸不定的。由於預期的依
據捉摸不定，所以它會發生突然和劇烈的變動。

對於"危機"的解釋，我們一向習慣於強調利息
率上升的傾向，而利息率的上升傾向又是由於來自
交易和投機動機的對貨幣需求的增長。有時，這一
利息率上升的因素確實可以起着使事態嚴重化的作
用，偶然也許起着導火線的作用。但我認為，對危
機的更加典型的、而且往往是決定性的解釋在基本
上並不是利息率的上升，而是資本邊際效率的突然
崩潰。

繁榮階段的後期特點是：對資本品的將來收益
的樂觀預期強大到足以補償資本品數量的日益充
沛、它們的生產成本的上漲以及可能出現的利息率
的上升。在有組織的投資市場 (有價證券交易所和其
他類似的市場) 中，購買者在很大程度上對他們所購
買的東西認識得並不清楚，而投機者則更加關心於
預期下一次市場心理的變動，而不是對資本資產的
將來收益作出合理估計。在這種影響之下，有組織
的投資市場的性質是：當過度樂觀和過度購買的幻

想破滅時，市場價格會以突然和災難性的巨大力量
下降。此外，伴隨着資本邊際效率的崩潰而到來的
對將來的惶恐和不肯定性很自然地促使流動性偏好
急劇增長——由此而導致利息率的上升。可以看
到，資本邊際效率的崩潰再加上隨之而來的利息率
的上升這一事實會嚴重加劇投資的下降。雖然如
此，但造成該情況的實質性的因素還是資本邊際效
率的崩潰；特別就促成一次繁榮階段的新投資重點
的那些資本品而言，它們的資本邊際效率的崩潰作
用更大。除了受到交易量增加和投機動機的增長的
影響而增加的部分以外，流動性偏好會保持不變，
一直到資本邊際效率崩潰以後才開始擴大。

正是由於資本邊際效率的崩潰，所以蕭條狀態
才如此難於治理。在蕭條狀態延續一段時間以後，
利息率的下降固然會成為有助於復甦的重大因素，
很可能也是必要的因素；但在目前，資本邊際效率
已經崩潰到如此徹底的程度，以致利息率下降到現
實上可能做到的水平都無濟於事。如果利息率的下
降能夠單獨構成治療蕭條的有效手段，那末，就有
可能很快造成經濟復甦而不需要一段拖延的時間，
同時，造成復甦的手段大致也都是那些能由貨幣當
局加以控制的手段。然而，事實表明，通常的情況
並不如此。要想恢復資本邊際效率並不那樣容易，

在蕭條狀態延續一段時間以後，
利息率的下降固然會成為
有助於復甦的重大因素。

因為，資本邊際效率在目前係由無法控制和不聽控制的工商業界的心理狀態所決定。用普通的語言來說，在個人行為自己作主的資本主義經濟中，信心的恢復遠非控制所能奏效。經濟蕭條的這一方面的特點為銀行和工商業界人士正確地加以強調，而又為那些對"純粹貨幣"的治療方案具有信心的經濟學者們加以低估。

這便使我到達了我論述的目的。要想解釋經濟周期的時間因素，即解釋為甚麼在經濟復甦之前，通常需要一段比較固定的期間，必須向影響資本邊際效率的恢復的因素上尋找原因。為甚麼經濟活動下降的階段所呈現出的時間長短並不具有偶然性，譬如説，在一次經濟周期中為1年、然後在下一次中變為10年，而卻顯示出某種程度的規律性，譬如説，在3年和5年之間。其中的原因有二。第一，既定時代的經濟正常發展所決定的、耐久性資產的壽命；第二，多餘的存貨的保管費。

現在，我們回到危機發生時的情況。只要繁榮階段繼續存在，很大一部分的新投資會具有令人滿意的現行的收益。失望的情緒之所以到來，原因在於：有關將來收益的可靠性突然受到懷疑；原因也許在於：隨着新生產出來的耐久性物品的存量逐漸增加，現行的收益呈現出下降的徵兆。如果現行的生產成本被認為高於它在以後的數值，那末，資本邊際效率的下降就具有更多的理由。一旦懷疑開始，它會迅速擴散。可以看到，在蕭條狀態開始，很可能存在着過多的資本設備，其邊際效率已經變為微不足道，甚至變為負數。但要想通過磨損、腐蝕和老化來重新造成資本設備的短缺，需要一段時間，而這段時間的長短大致取決於在既定時代特點下的資本設備的平均壽命。隨着時代特點的改變，所需的這段時間的典型的長短也會改變。例如，如果我們從一個人口增加的時期進入一個人口減少的時期，那末，經濟周期的蕭條階段就會得以延長。在這裏，我們已經提出相當的理由來說明，為甚麼蕭條階段的時間長短與耐久性資產的壽命和既定時代的正常經濟發展應該存在着一定的關係。

第二個使蕭條階段時間穩定的因素是由於多餘存貨的保管費，而保管費的存在會迫使存貨被吸收掉的時間限於一定的範圍，既不太短、也不太長。危機發生後的突然停止的新投資很可能會導致半制成品的多餘存貨堆積起來。這種存貨的保管費很少會少於年率10%。由於保管費的存在，存貨的價格必須下降到足夠的程度，以便使它能在（譬如說）3到5年的期間的限制內被吸收完畢。存貨被吸收的過程代表負投資的過程，而負投資又會進一步損害

危機發生後的突然停止的新投資
很可能會導致半制成品的多餘存貨堆積起來。

就業。只有當吸收過程結束時，就業量才會有明顯的改善。

不僅如此，在經濟活動下降期間，必然會伴隨着產量下降而到來的經營資本的減少構成負投資的另一個因素，而這一因素可以具有巨大的數量。一旦衰退開始出現，經營資本的減少會形成強烈的自我擴大的下降影響。在一次典型的蕭條階段剛一開始的時期，也許會存在着增加存貨的投資來抵消經營資本方面的負投資；在下一期間，存貨和經營資本可以同時出現短期的負投資的現象；在達到經濟活動的最低點以後，存貨很可能會有進一步的負投資，而這種負投資可以為經營資本方面投資的重新增加部分地加以補償；最後，當經濟復甦已經進行了相當時間以後，二者的情況都將有利於投資的增加。正是在這種背景下，可以看出耐久性物品的投資波動所導致出的額外和推波助瀾的作用。當這種類型的投資的下降引發了一次周期性的波動以後，一直到經濟周期部分地完成它應有的運動以前，不存在多少能恢復這種投資數量的希望。

很不幸，資本邊際效率的嚴重下降也趨於對消費傾向產生不利影響。因為，這種下降會引起股票交易所的股票市場價格的劇烈下跌。對在股票交易所中的投資非常關注的人們，特別是對那些利用借款來從事經營的人們而言，股票市場價格的劇烈下跌自然會產生非常令人消沉的影響。這些人的投資價值的漲落甚至可以比他們的收入的多寡對他們願意用之於消費的開支額具有更大的影響。對今天美國的有着"股票頭腦"的公眾而言，價值上升的股票市場幾乎是使消費傾向具有令人滿意的數值的主要條件；這種直到最近才被人們一般注意到的情況顯然會對資本邊際效率的下降具有更進一步的壓抑作用。

一旦經濟復甦得以開始，它的自我擴大的影響方式是顯而易見的。但在經濟下降的階段，當固定資本和原料存貨都處於多餘狀態，而經營資本又處於消減之中時，資本邊際效率可以下降到如此之低的程度，以致在實際上沒有可能通過利息率的降低來使得投資具有能令人滿意的數量。可以看到，在以現有的方式加以組織並且易於受到影響的市場中，市場對資本邊際效率的估計會具有如此巨大的波動幅度，以致它不能為利息率的相應波動所補償。此外，正如我們在上面已經看到的那樣，股票市場上的相應的變化是壓低消費傾向；這種變化的方向又恰恰發生在最需要相反方面的變化的時候。因此，在自由放任的經濟體制的條件下，除非投資市場的心理狀態能使自己作出毫無理由這樣做的巨

價值上升的股票市場
幾乎是使消費傾向
具有令人滿意的數值的主要條件。

大逆轉，要想避免就業量的劇烈波動是不可能的。
我的結論是：安排現行的投資的責任決不能被置於
私人手中。

第 *11* 章

重商主義中含有的合理成分

(《通論》第二十三章)

　　選編者按：在20世紀30年代，為了減輕1929年大危機所帶來的嚴重的失業和經濟蕭條，各主要資本主義國家紛紛採用保護貿易的政策，如關稅壁壘和通貨貶值等，以便爭取貿易順差，把失業和蕭條轉嫁到外國。凱恩斯指出，這種辦法來源於重商主義，是有其合理之處的。

　　雖然如此，但是，他又指出，如果各國都執行這種"以鄰為壑"的政策，各國都會俱受其損，不會得到益處。因此，他主張各國應該通過他的理論所建議的政策來解決本國的失業和蕭條問題，並在此基礎上，使各國之間的貿易保持平衡狀態。凱恩斯的這種思想在一定的程度上促成了第二次世界大戰後的布雷頓森林世界金融體系（包括世界銀行和國際貨幣基金）的建立，並且在目前還在發生作用。

　　本章第一節說明傳統經濟學說和重商主義的對立，第二節論述重商主義含有的合理之處；第三節提出他對平衡國際貿易的見解。

任何對自我調節機構進行干擾的企圖
不僅是無用的，而且，
會使干擾國受到經濟損失。

第一節　傳統的經濟學說和重商主義的對立

大致在200年以來，經濟理論家和現實主義者都不懷疑，對一個國家來說，外貿順差具有一種奇物的好處，而外貿逆差則代表嚴重的危險信號；特別是，如果外貿逆差引起貴金屬的外流，那末，更是如此。但在過去的100年中，卻存在着顯而易見的意見分歧。大多數國家的多數政治家和現實主義者仍然相信那個古老的學說；甚至在相反意見發源地的英國，也有約為一半的政治家和現實主義者仍然相信它。另一方面，幾乎所有的經濟理論家都繼續堅持，除了照顧到短暫的事態以外，害怕外貿逆差是完全沒有理由的，其原因在於：外貿機制可以自行調節，而任何對自我調節機構進行干擾的企圖不僅是無用的，而且，會使干擾國受到經濟損失；因為，干擾國會失去國際分工所帶來的利益。為了論述的方便，我們可以按照傳統，把那個較古老的意見稱之為重商主義，而把較新的觀點稱之為自由貿易論。然而，由於兩個名詞都具有廣泛和狹隘的意義，我們對它們的解釋要看使用的場合而定。

一般來說，目前的經濟學者堅持認為，普遍存在的從國際分工而帶來的利益會大於重商主義者所

聲稱的實行該主義所應得到的那些有利之處。不僅
如此，他們還認為，重商主義的論點係來自徹頭徹
尾的思維上的混亂不清。

例如，在本世紀最初的25年有關財政政策的爭
論中，我不記得有任何經濟學者承認過貿易保護主
義可能增加國內的就業量。最公道的辦法也許是引
用我自己的文句作為例子。遲至1923年，作為古典
學派的一個忠實信徒從而毫無保留地接受、並相信
所學到的有關重商主義的一切，我在那時寫道："如
果保護主義有一件做不到的事，那就是不能醫治失
業……保護主義有可能取得一些利益，但它們是難
於實現的，從而，關於後果為何，並不存在着簡單
明確的答案。然而，某些支持保護主義的論點卻以
此作為根據。儘管如此，宜稱可以醫治失業卻是保
護主義謬論中的最赤裸裸和粗劣的形式"。關於較早
期的重商主義理論，當時無法找到有用的文獻，從
而，先輩的教導使我們相信，重商主義比胡說好不
了多少。可以看到，古典學派的統治是如此絕對的
鞏固和完整。

第二節　重商主義中的合理成分

我首先使用我自己的理論框架來說明甚麼是我

重商主義比胡說好不了多少。
可以看到，古典學派的統治
是如此絕對的鞏固和完整。

現在認為的重商主義學說中的科學成分。必須指
出，這裏所說的利益是指一國而言，而不是指整個
世界的利益。

在自由放任的條件下，當一國的財富相當迅速
地增長時，這一愉快的狀態會受到對新投資的誘導
不足的阻撓。在既定的社會、政治以及國民特點的
境況下，從而，在由此而決定的既定的消費傾向之
下，一個向前發展的國家的利益基本上取決於對投
資的誘導的足夠程度，正如上面已經解釋過的那
樣。這裏的誘導可以是對國內投資而言，也可以是
指對外投資而言(後者包括貴金屬的積累)，而兩種
投資在一起構成總投資。在總投資量單獨取決於利
潤動機的條件下，國內投資在長期中取決於國內的
利息率；與此同時，對外投資量則必然取決於外貿
順差的大小。這樣，在國家不能直接投資的社會
中，政府理所當然地要關心國內利息率和外貿順
差。

如果工資單位比較穩定而不會突然作出相當大
的變動(一個幾乎總是能得到滿足的條件)，如果以
短期平均波動情況來表現的流動性偏好的狀態比較
穩定，以及如果銀行的行事成規也比較穩定，那
末，利息率將取決於能滿足整個社會要求流動性的
慾望的貴金屬數量。同時，在那個大量對外放款和

在國外完全擁有財富都不大通行的時代，貴金屬數量的增加和減少主要取決於對外貿易是順差還是逆差。

因此，正如當時的情況所表明的那樣，政府當局關心外貿順差是為了一箭雙雕的目標，而且也是促進目標實現的惟一可行的手段。在那時，由於政府當局對國內的利息率和其他的國內投資誘導都不能直接加以控制，所以增加外貿順差是政府能增加對外投資的惟一直接的手段；而與此同時，外貿順差對貴金屬的流入所產生的作用又是政府所具有的惟一間接的手段來減少國內利息率，從而會增加對國內投資的誘導。

然而，對這一政策的成效，存在着兩個不容忽視的限制條件。如果國內利息率已經被降低到如此之低，以致有足夠的投資把就業量提高到使工資單位上升的臨界點之上，那末，國內成本水平的上升將要對外貿順差造成不利影響，從而在這裏，增加外貿順差的政策已經執行得過頭，反而會得到不利於政策目標的後果。還有，如果相對於其他國家的利息率而言，國內利息率下降到如此之低，以致使對外放款達到與外貿順差不相稱的程度，那末，就有可能引起足夠多的貴金屬的外流來抵消順差而有餘。當貴金屬的開採規模相對微小時，一國的貴金

國內成本水平的上升
將要對外貿順差造成不利影響。

屬的流入量等於另一國的流出量。在如此條件下，國家越大，在國際上的地位越重要，上述兩個條件發生作用的危險越多，因為，由於外國的成本下降和利息率上升，所以本國的成本上升和利息率下降所引起的不利後果會得以加重（如果重商主義的政策被推行得過頭的話）。

西班牙在15世紀後期和16世紀的經濟史可以提供一個例子來說明過多的貴金屬對工資單位所造成的上升影響會摧毀一國的對外貿易。英國在第一次世界大戰以前的20世紀的年份提供另一個例子。它們表明，如果一國過分容易地對外放款和在海外購買財產，那末，這會使利息率不能下降到足以保證該國國內的充分就業的水平。印度的一切時期的歷史也可以提供一個例子來表明，如果一國的流動性偏好強烈到狂熱的程度，以致長期的大量貴金屬的流入都不足以使利息率下降到能與該國的實際財富的增長相吻合的水平，那末，該國會因之而蒙受貧困。

然而，如果我們所考慮的社會具有穩定的工資單位，具有穩定的消費傾向和流動性偏好賴之以決定的國民素質以及具有能把貴金屬的存量和貨幣數量緊密聯繫在一起的貨幣制度，那末，為了維持充分就業，該社會的行政當局必須密切注意對外貿易平衡的狀態。其原因在於：外貿順差(如果不太大的話)非常有利於刺激經濟增長，而外貿逆差則很快會造成持久性的蕭條狀態。

這並不是說，對進口施加最大程度的限制會有助於得到最大數量的外貿順差。早期的重商主義者大力強調這一點並且也往往在事實上又同時反對限制貿易，因為，從長遠的觀點來看，限制貿易會得到不利於外貿順差的結果。確實，人們可以具有一定理由來認為，在19世紀中期的特殊環境下的英國，幾乎完全是自由貿易的政策取得了最有利的外貿順差。在戰後的歐洲，當前的對外貿施加限制的經驗提供多方面的例證來說明：設想不周的對自由貿易的限制雖然旨在於增加外貿順差，而在事實上卻造成相反的後果。

由於這個和其他的理由，關於我們的論點應導致的現實的政策是甚麼，讀者不要過早地得出結論。一般說來，除非在特殊的情況下，我們具備強有力的根據來反對限制貿易。雖然古典學派在很大程度上過分強調國際分工所帶來的利益，然而，這些利益是真正存在的而且是相當大的。我們自己的國家從外貿順差中得到好處會對某一國家造成同等的壞處(重商主義完全理解這一點)。這一事實不但意味着自我克制的必要性，從而，一國只能得到它合理和公道的貴金屬份額，而且還說明缺乏克制的政策可以造成使大家都遭受損失的獲取順差的國際競爭。最後，即使是為了顯而易見的目標，限制貿易的政策也是一個靠不住的手段，因為，私人的利益、行政的無能以及任務本身的困難可以導致與意圖恰恰相反的結果。

由此可見，我的批評的重點是針對我所師承和在許多年中我也講授的自由放任學說的不充分的理論基礎——反對這種說法，即利息率和投資量可以在最優的數值上自行調節，從而沒有必要去關心外貿是否平衡。在我看來，經濟學界的同行們犯了一個想當然的錯誤，把數千年來管理國家的一個有現實意義的主要目標當作無聊的盲目信念。

在這種錯誤理論的影響下，倫敦金融界逐漸設計出一個壞到無以復加的維持均衡的辦法，即讓銀行利息率自由漲落而又維持固定的外匯比價。因為，這樣一來，把國內利息率維持在符合充分就業的水平就完全被排除掉了。由於在現實中，國際收支的平衡不容忽視，所以逐漸形成了控制它的辦法；然而，這一辦法不但不對國內利息率加以保護，反而犧牲它，讓它聽任盲目的市場作用所支配。近來，實事求是的倫敦銀行家已經得到不少的經驗。我們幾乎可以期望：在英國，在它可能造成

國內失業的情況下，銀行利息率的辦法將永遠不會
再被用來保護外貿平衡。

把古典理論當做單個廠商的理論和在既定數量
資源下的分配理論，它作出了不容否認的貢獻。如
果沒有這個理論作為其思想工具的一個部分，人們
對這一主題便不能進行有條理的思索。當我提請大
家注意古典學派忽視了他們的先驅者的有價值的東
西時，我並不是要懷疑該學派的貢獻。然而，作為
對管理國家的方法的貢獻者，16和17世紀的早期經
濟思想的先驅者關心整個經濟制度，關心整個制度
的全部資源能達到最優的就業狀態，從而他們所使
用的方法使他們能抓住在實踐中的一部分的明智之
道，而這部分的明智之道首先為李嘉圖的不合乎現
實的抽象方法所忘掉，然後又為他的方法所塗抹
掉。通過禁止高利貸法的手段通過保護本國的貨幣
存量以及通過阻撓工資單位的上升，他們強烈地致
力於壓低利息率，而這些做法是有其明智之處的。
此外，如果由於貨幣不可避免地向國外流出，由於
工資單位的上升或由於任何其他原因，貨幣存量呈
現出明顯的不足，那末，作為一種最後的手段，他
們願意通過通貨貶值而恢復貨幣存量。這一辦法也
有其明智之處。

第三節　對平衡國際貿易的見解

重商主義者並不抱有幻想，認為他們的政策不具有只顧及本國利益的特點以及沒有導致戰爭的傾向。他們承認，他們所追求的是國家的利益和國家力量的相對增長。

我們可以批評他們，說他們顯然以漠不關心的態度來接受由於一種國際貨幣制度而導致的不可避免的後果。但從智慧上看，他們的符合現實的觀點要遠遠優於一些現代人士的混亂不清的想法；這些人主張國際上的固定的金本位制和國際信貸的自由放任，並且相信，最有利於和平的正是這些政策。

因為，在一個使用貨幣契約和具有在相當長時期中大致不變的風俗習慣的經濟制度中，國內的貨幣流通量和利息率主要取決於國際收支的狀況，正如英國在第一次世界大戰以前時那樣。在那時，除了以鄰為壑的爭取出超和貴金屬的進口以外，政府當局沒有合乎正統的手段來對付國內的失業問題。在歷史上，從來沒有像國際金(或者，在以前，銀)本位那樣有效的辦法來造成一國的利益和其鄰國的利益之間的對立。因為，這一辦法使一國的繁榮直接取決於對市場的和對貴金屬的奪取。由於偶然的幸運，當金和銀的供給量相對充沛時，奪取的鬥爭可以有某種程度的緩和。但隨着財富的增長和消費傾向的減少，鬥爭日益趨於造成兩敗俱傷的後果。由於常識不足以矯正他們錯誤的邏輯，正統的經濟學者所起的作用全都是災難性的。其原因在於：某這些國家曾經盲目地掙扎着來尋求出路；它們想使利息率能按照自己的要求加以變動，而這種自主的利息率又要求它們拋棄在金本位下的種種義務。當它們這樣做時，正統的經濟學者卻教導這些國家：恢復金本位的桎梏是普遍的經濟復甦的第一個必要的步驟。

事實上，相反的做法才是對的。不受國際事態影響的自主的利息率政策再加上旨在取得最優國內就業水平的國家投資計劃才具有雙重的好處；即可以使本國和鄰國同時受惠。如果所有國家在一起同時執行這些政策，那末，不論用國內的就業量水平還是用國際間的貿易量來加以衡量，經濟上的健康和力量就會在國際的範圍上得以恢復。

重商主義者感覺到問題的存在，但卻不能把他們的分析推進到能解決問題的地步。然而，古典學派卻無視這一問題，因為，他們所引入的前提條件否定了問題的存在；其後果為經濟理論的結論和現實的常識相脫節。古典學派的不平凡的成就是克服"普通人"的信念，同時本身卻又是錯誤的。

第 *12* 章

對《通論》可以引起的社會哲學的簡要總結

(《通論》第二十四章)

選編者按：本章是《通論》的最後一章；在本章中，總的說來，凱恩斯一方面對資本主義制度和傳統的西方經濟學施加批評，另一方面又對它們加以維護。雖然如此，但是，由於本章牽涉到的問題較多、較為複雜和深遠，而其中又帶有他個人的感情色彩。有的讀者可以從其中找出變革性的說法；另一些讀者也能認為它的內容是相當保守的。選編者很難而且也不願意對本章的內容加以刪節或劃分。因此，本章從標題到段落安排的形式，一律全部照錄原書，從而本章不過是原書的複製品。這樣，讀者在本章中能夠更加直接地理解《通論》的含義，而且還能接觸到它的行文風格和段落安排。

《通論》僅有章的標題，而沒有節的標題。由於本章係照錄原文，所以本章也沒有節的標題。

I

我們生活於其中的經濟社會的顯著弊端是：第一，它不能提供充分就業以及第二，它以無原則的和不公正的方式來對財富和收入加以分配。本書的理論對第一個弊端的作用是顯而易見的。但是，它在兩個重要的方面也與第二個弊端有關。

自從19世紀末以來，通過直接稅的手段——所得稅、超額所得稅和遺產稅——特別是在英國，消除財富和收入方面的非常巨大的差異的工作已經取得相當大的進展；許多人願意把這一過程推向遠為更加前進之處，但是，兩點考慮使他們躊躇不前。一方面，他們害怕，這會使逃避稅收成為很值得幹的事情，並且還會過分減少冒風險的動機。但我相信，他們的另一個方面的主要考慮之點是：他們相信，資本的增長取決於個人儲蓄動機的強弱，而資本增長的一個很大比例的部分取決於富人來自他們剩餘金錢的儲蓄。我的理論並不影響第一種考慮；但在相當大的程度上，它可以修改我們對第二種考慮的態度。因為，我們已經看到，在到達充分就業狀態以前，資本的增長完全不取決於消費傾向的數值低微的程度，而且，恰恰相反，後者會有礙於前者的實現。只有在充分就業的條件下，數值低微的

**在到達充分就業狀態以前，
資本的增長完全不取決於
消費傾向的數值低微的程度。**

消費傾向才有助於資本的增長。不僅如此，經驗表
明：在現有情況下，企業的儲蓄以及償債基金所代
表的儲蓄已經超過所需要的數量，從而，採用可能
提高消費傾向的收入再分配的措施肯定會有助於資
本的增長。

對於這一問題，公眾思想中的困惑之處可以用
非常普遍存在於他們之間的信念加以說明。他們相
信，遺產稅是減少英國資本財富的原因。事實上，
假設國家把這一來源的稅收所得使用於通常的開
支，從而，對收入和消費所徵收的稅額會有相應的
減少或免除，那末，遺產稅繁重的財政政策當然具
有增加社會的消費傾向的作用。由於習慣性的消費
傾向的增加一般會 (除了在充分就業的情況下以外)
同時增加投資誘導，普通人所作出的推論正好與實
際情況相反。

這樣，我們的論述可以使我們得出結論，即：
財富的增長遠不取決於富人的節慾，像一般所假設
的那樣；它的增長反而會受到富人節慾的阻礙。因
此，支持財富應具有很大差別的一個主要論據已經
不能成立。我並不是在說，在其正確性不為我們理
論所影響的各個論據中，任何一個都不能在一定情
況下支持某種程度的財富分配的不平等。但我們的
理論確實清除掉了其中一個最重要的理由；正是由

於這個理由，我們才一直認為必須謹慎從事。這一點特別影響我們對遺產稅的看法；因為，有些支持財富的不平等的論據不適用遺產的不平等。

以我而論，我相信，存在着社會上的和心理上的理由來認為：相當大的財富和收入的不平等是合理的，但不平等的程度應該比目前存在的差距為小。有價值的人類活動的一部分需要賺錢的動機和私有財產的環境才能取得全部效果。不僅如此，通過賺錢和私有財產的存在，人類的危險的癖好可以被疏導到比較無害的渠道之中，而癖好如果不以此種方式得以滿足，那末，它們會被用之於殘暴、肆無忌憚地對個人權力和權威的追求以及其他方式的自我高大化。人們對他們自己的銀行存款實施暴政要比他們對他們的同胞們實施暴政要好一些。雖然前者有時被譴責為不過是到達後者手段，但至少在有的時候，前者提供了一個可供選擇的渠道。即使如此，為了刺激這些可供選擇的活動和滿足這些癖好，並沒有必要像現在那樣，給參加遊戲的贏家提供如此之多的勝利品。較少的勝利品也能達到同一目的，一旦參與者習慣於此的話。改變人類本性的任務決不能混同於管理人類本性的任務。雖然在理想的國家中，可以通過教育、感化和養育來使人們對勝利品漠不關心，但只要一般的人，甚至社會中

**改變人類本性的任務
決不能混同於管理人類本性的任務。**

相當多的一些人仍強烈地沉湎於賺錢的癖好，那末，穩健的政治家就應該讓遊戲在規則和限度的約束下繼續進行下去。

II

然而，對於財富不平等的前景，從我們的論點中，還可以得到一個遠為更加重要的第二個有關之點，即我們的利息論。到目前為止，認為利息率應該具有適當高的數值的理由在於利息率必須提供足夠多的儲蓄誘導。但我們已經說明，有效的儲蓄數量必然要取決於投資的規模，而投資規模卻為低數值的利息率所推動，如果我們不以此種辦法把投資規模推進到相當於充分就業之點以外的話。由此可見，如果在既定的資本邊際效率之下，把利息率減少到使充分就業得以實現之處，那末，那將是對我們最有利的。

毋庸置疑，上述原則會使利息率遠低於迄今在市場上存在的利息率。以我們所能推測到的資本數量的增加對資本邊際效率的影響而論，如果要繼續大致維持充分就業，那末，利息率很可能要持續下降——除非整個社會的消費傾向（包括國家在內）有着很大的改變。

我感到肯定的是，對資本的需求具有嚴格的限度；其意義為：把資本數量增加到使它的邊際效率下降到很低的數值是不難做到的事情。這並不意味着使用資本設備幾乎不用支付代價，而僅僅是説，資本設備的收益在補償它的折舊和老化費用以後，再減去償付風險以及技能和決策的運用的費用，剩下來的屬於資本所有者的數量不會有多少。簡言之，耐用品在它們生命期間的總收益會和非耐用品的情況一樣，包含它們的生產的勞動成本再加上對風險以及對技能和監督代價的補償。

雖然這種狀況相當符合於某種程度的個人主義，但它意味着食利者階級的消亡，從而也意味着資本家利用資本的稀缺性來擴大其壓迫力量的消亡。在今天，利息之不代表對真正作出犧牲的補償的程度並不亞於土地的租金。資本所有者能得到利息的原因是資本的稀缺，正和土地所有者能得到地租的原因是土地的稀缺一樣。但是，土地的稀缺可以來自與土地的固有特性有關的原因；然而，資本的稀缺卻沒有與資本的固有特性有關的原因。如果把造成資本稀缺的原因看作與資本特性有關的原因，即必須以利息率作為報酬才能使人們作出真正的犧牲來進行積累這一原因，那末，在長期中，這一原因將不複存在，除非在個人的消費傾向具有特殊性的場合。在這種場合中，消費傾向具有如此特殊的數值，以致在資本具有足夠充沛的數量以前，充分就業條件下的淨儲蓄量已經為零。但即使在這種場合，國家機構仍然可以使社會的儲蓄被維持在一定的水平，以致能使資本數量繼續增長，直到它不再稀缺時為止。

因此，在我看來，當資本主義的食利者階級的這一方面完成了它的任務以後，它會作為一個過渡階段而消失掉。一旦它的食利者階級的方面消失掉，資本主義的其他方面會有重大的改變。此外，我的主張還有一個很大的有利之處，即食利者階級和已經沒有社會職能的投資者決不會突然消亡；就像我們近來在英國所看到的那樣，它們的消失會是一個逐漸而漫長的過程，從而不需要進行革命鬥爭。

因此，在政策實踐上，我們可以樹立兩個目標(都是可以在實際上達到的)：一方面，增加資本數量，一直到它不再稀缺時為止，從而，已經沒有社會職能的投資者不再能坐享利益。另一方面，建立一個直接稅制度，使得理財家、企業家和類似的人物(他們如此喜愛他們的職業，以致可以用遠為便宜的代價來取得他們的勞務)的智慧、決心和經營的才能可以通過合理的報酬被引導到為社會服務的渠道。

　　與此同時，我們必須認識到，只有經驗才能告訴我們體現於國家政策之中的群眾意願應該在何種程度上被用之於增加和補充投資誘導，以及應該在何種程度上才能安全地被用之於刺激平均消費傾向，而又不妨礙我們在一兩個世代中消除資本的稀缺價值的目標。最終的結果可以是，消費傾向會被利息率下降的作用以如此容易的方式加以提高，以致只需要比現有的稍高一點的積累率便能達到充分就業。在這種情況下，對高額收入和遺產徵收較多賦稅的制度也許會有招致非難之處，因為按照這種制度，充分就業所要求的積累率會在相當大的程度上小於現在的水平。我並不否定這一後果的可能性，甚至它的很可能出現的概率。因為，在這種事態中，很難預測一般人如何對環境的改變作出反應。如果現實的事態表明，只需要用比現在稍大一點的積累率便能很容易地取得大致的充分就業，那末，一個突出的當代問題至少已經得以解決。至於說應以何種正確和合理的程度和手段來要求活着的一代限制他們的消費，以便在一段時期中為他們的後代建立起一個投資量已經充分的境界，那是另一個仍然存在的有待決策的問題。

必要的社會化的步驟可以逐漸採用，
從而不會割斷社會的一般傳統。

III

在其他方面，本書以上的理論在含義上是相當保守的。因為，雖然本書指出，現在主要聽任於私人主動性支配的某些事物應加以集中控制的重大意義，但是，仍然存在着廣泛的領域，其中的活動不受影響。對於消費傾向，國家將要部分通過賦稅制度，部分通過利息率的漲落，和部分通過其他手段來施加引導的作用。還有，單靠銀行政策對利息率的影響似乎不大可能決定投資的最優數量。因此，我感覺到，某種程度的全面的投資社會化將要成為大致取得充分就業的惟一手段；當然，這並不排除一切形式的折衷方案，而通過這種方案，國家當局可以和私人的主動性結合起來。但除此以外，似乎很難證實囊括絕大部分社會經濟生活的國家社會主義的必要性。重要的並不是生產工具的國有化。如果國家能決定被用於增加生產工具的資源數量，並且能決定對生產工具所有者的報酬的基本額，那末，它就應被認為是完成了它應盡的職責。此外，必要的社會化的步驟可以逐漸採用，從而不會割斷社會的一般傳統。

我們對已被接受的古典學派理論的批評，重點不在於找出它的分析中的邏輯錯誤，而在於指出，

它所暗含的假設條件很少或者從來沒有得到滿足，
其後果為，它不能解決現實世界中的經濟問題。然
而，如果我們的中央控制機構能夠成功地把總產量
推進到相當於在現實中可能達到的充分就業水平，
那末，從這一點開始，古典學派的理論仍然是正確
的。如果我們假設總產量為既定的，即取決於古典
學派思想體系以外的力量或因素，那末，我們對古
典學派的分析並沒有反對意見。我們不反對它所分
析的私人的利己動機如何決定生產何種產品，以何
種比例的生產要素來進行生產，以及如何把產品的
價值在生產要素之間加以分配。還有，雖然我們在
節儉問題上與古典學派的想法不同，但對現代古典
學派理論關於在完全和不完全競爭的條件下的私人
和社會利益的一致程度卻沒有意見。由此可見，除
了由中央控制的必要性來實現消費傾向和投資誘導
之間的協調以外，我們沒有比過去提出更多的理由
使經濟生活社會化。

更具體地說，我看不出任何理由來認為，現有
的經濟制度對已經被使用的生產要素具有嚴重的使
用不當之處。當然，存在着預期的失誤問題；但
是，這些問題並不會由於中央集中的決策而得以避
免；當在10,000,000個願意而且能夠工作的人中，
有9,000,000個人被僱用時，又沒有證據表明，這批

在這個天地中，
傳統的個人主義的有利之處
仍然會繼續存在。

9,000,000人有被使用不當之處。對現有的經濟制度，我們的不滿意見並不是這批9,000,000人應該被使用於和過去不同的任務，而是應該為剩下來的1,000,000人提供使其就業的任務。現行經濟制度的缺點，並不在於已就業的人如何加以使用的問題，而在於就業量的多寡問題。

因此，我同意格塞爾的意見，認為彌補古典學派理論的缺點不是把那個"曼徹斯特制度"清除掉，而是指出經濟力量或經濟因素的自由運行所需要的環境，以便實現生產的全部潛力。保證充分就業所必需的中央控制當然會大為擴充傳統的政府職能。除此以外，現代古典學派理論本身也要求我們注意到各種不同的情況，而在這些不同情況下，對經濟力量或因素的自由運行有必要加以制止，或加以引導。儘管如此，仍然會留下廣闊的天地使私人在其中運用他們的動力和職能。在這個天地中，傳統的個人主義的有利之處仍然會繼續存在。

讓我們在這裏稍加停留，以便提醒我們自己，這些有利之處是甚麼。有利之處的一部分是效率——分散化和利己心能夠運行的有利之處。決策分散化和個人負責制的有利之處甚至比19世紀所設想的也許還要大一些，而且，反對借助和利用利己心的意見似乎有點過火。但無論如何，如果能去掉個人主義的缺點和濫用，那末，它仍然是個人自由的最好保障，其意義為：和其他任何制度相比，它在很大程度上擴大了個人選擇的範圍。它也是生活多樣化的最好保障，因為，生活多樣化恰恰來自被擴大了的選擇範圍。在生活單調一致或集權國家的各種損失中，缺乏生活多樣化是其中最大的損失。因為這種多樣化保存了能體現已往各代人的最妥善和成功的選擇的傳統。它以它的多樣化的形式來使現實具有光彩。此外，由於它是經驗、傳統和想像的結晶，它也是改善將來的最有力的工具。

因此，雖然對19世紀的政論家或當今美國理財家而言，由於使消費傾向和投資誘導相互協調而引起的政府職能的擴大是對個人主義的嚴重侵犯，但我要為這種擴大進行辯護。我認為，事實恰恰相反。它不但是避免現在的經濟制度完全被摧毀的惟一可行之道，而且也是個人動力能成功地發生作用的前提條件。

這裏的原因在於：如果有效需求不足，那末，不但資源浪費所引起的社會反對情緒會達到不可容忍的程度，而且，意圖把這些資源運用於實際的私有企業也會遭受注定要失敗的後果。這種危險的遊戲具有許多數值為零的籌碼；所以，如果參加者的精力和意志能使他們把遊戲進行到底，那末，對參

可以肯定，
世界容忍失業的期間不會很久。

加者的整體而言，它是輸家。直到目前，世界財富的增加量小於個人正數值的儲蓄的總和。二者的差額係由那些輸家所補足，因為，這些人雖然具有勇氣和主動性，但卻缺乏超群的技能的異常的好運。但如果存在着足夠的有效需求，那末，只需要一般的技能和好運便能取勝。

今天的集權主義國家以犧牲效率和自由為代價似乎已經解決了失業問題。可以肯定，世界容忍失業的期間不會很久，而失業問題，除了短暫的局勢動盪時期以外，按照我的意見，還是不可避免地和現代資本主義的個人主義聯繫在一起。然而，通過對問題的正確分析，也有可能把疾病治愈，而與此同時，又保存了效率與自由。

IV

我曾經順便提到過，我們的新體制可以比舊體制更加有利於和平。重複和強調這一方面是有必要的。

戰爭具有種種原因。對於獨裁者和其他的類似人物而言，至少在他們的期望中，戰爭會給他們帶來愉快的興奮狀態。他們感到，比較容易利用人們的好勇鬥狠的心理。但在此以外，協助他們煽起群

眾的激情烈火的卻是戰爭的經濟原因，即人口壓力
和對市場的爭奪。由於很可能是上述第二類原因而
在19世紀中起着決定性的作用，並且還可能再度如
此，所以，在此加以討論是相宜的。

我在上一章已經指出，處於國內的自由放任和
國際上的金本位這種19世紀下半期的典型體制中，
除了向外爭奪市場以外，一國的政府在國內沒有其
他辦法來緩解本國的經濟不振的問題。因為，在這
種體制下，除了改善國際收支中的順差的手段以
外，一切的有助於解決長期或間歇性的失業狀態的
辦法都被排除在外。

這樣，當經濟學者們在一如既往地頌揚既存的
國際經濟體制，説它能提供國際分工的果實，同時
又能調和各國的利益時，他們掩蓋了一個不那么美
好的作用。常識和對實際事務的正確理解使政治家
們相信，如果一個在傳統上為富裕的國家忽視市場
的爭奪，那末，它的繁榮會衰落並以失敗告終。但
如果各國都能學習到用國內政策來為它們自己維持
充分就業(而且，我們還必須加上一句，如果它們也
能使它們的人口趨向保持均衡)，那末，就不會存在
重要的經濟原因來使一國的利益和它鄰國的利益相
對立。在如此的條件下，仍然存在着正當的國際分
工和國際借貸活動的餘地。然而，在這裏，卻不再

如果一個在傳統上為富裕的國家
忽視市場的爭奪，那末，
它的繁榮會衰落並以失敗告終。

有緊迫的動機來迫使一國把它的商品強加於另一國，或迫使一國排斥其他國家的商品銷售，而這種強加和排斥並不是由於它是否有能力償付它所願意購買的商品的考慮，而是出於公開表示的破壞國際收支平衡的目標，以便為自己取得貿易順差。國際貿易將不再像它現在那樣，即作為一個維持國內充分就業的鋌而走險的權宜之計，強行向外國市場推銷並限制從那裏購買的數量。即使是成功的話，這種方法也不過僅僅把失業問題轉嫁給鄰國，而鄰國則因之而會在鬥爭中受到損害。在我們的新的體制中，國際貿易會成為在互惠的條件下，合乎意願和不受阻撓的物品和勞務的交換。

V

實現這些思想僅僅是不着邊際的希望嗎？它們是否奠基於足夠的人類動機之上，而這種動機又能控制政治社會的演變？被它們所傷害的利益的體現者是否比它們為之效勞的人要更為強大和明確？

我不想在這裏提供答案。答案需要一本與此不同性質的著作，才能僅僅以提綱的形式表示出把這些思想逐漸付諸實施的各種實際辦法。但如果思想是正確的——作者必須假設如此，然後再據此而進行寫作──那末，我敢作出預言：要想否定它們在一段時期後所產生的力量會是錯誤的。在目前，一般人都渴望有一個更加基本的診斷；特別易於接受它；而且，甚至只要它在表面上合乎情理，就急於試行把它付諸實施。然而，撇開這種當代的情緒不談，經濟學家和政治哲學家們的思想，不論它們在對的時候還是在錯的時候，都比一般所設想的要更有力量。的確，世界就是由它們統治着。講求實際的人自認為他們不受任何學理的影響，可是他們經常是某個已故經濟學家的俘虜。在空中聽取靈感的當權的狂人，他們的狂亂想法不過是從若干年前學術界拙劣作家的作品中提煉出來的。我確信，和思想的逐漸侵蝕相比，既得利益的力量是被過分誇大了。誠然，這不是就立即產生的影響而言，而是指一段時期以後；因為，在經濟學和政治哲學的領域中，在25歲或30歲以後還受新理論影響的人是不多的，因此，公職人員、政客、甚至煽動者所應用的思想不大可能是最新的。但是，不論早晚，不論好壞，危險的東西不是既得利益，而是思想。

本書繁體字版由北京商務印書館授權出版

就業、利息和貨幣通論 (精選本)

作　　　者：【英】凱恩斯

譯　　　者：高鴻業

選 編 者：高鴻業

責任編輯：劉存才

封面設計：陳穎欣

出　　　版：商務印書館 (香港) 有限公司

　　　　　　香港筲箕灣耀興道3號東滙廣場8樓

　　　　　　http://www.commercialpress.com.hk

發　　　行：香港聯合書刊物流有限公司

　　　　　　香港新界大埔汀麗路36號中華商務印刷大廈3樓

印　　　刷：美雅印刷製本有限公司

　　　　　　九龍觀塘榮業街6號海濱工業大廈4樓A

版　　　次：2012年6月第4次印刷

　　　　　　© 商務印書館 (香港) 有限公司

　　　　　　ISBN 978 962 07 5402 9

　　　　　　Printed in Hong Kong